Dieu guérisseur

DU MÊME AUTEUR

Aux Éditions du Cerf

La parole qui guérit, 1991 (3e éd. 1992).
L'essentiel est invisible. Une lecture psychanalytique du « Petit Prince » (3e éd. 1993).
La Peur et la Faute (*Psychanalyse et théologie morale,* I), 1992.
L'Amour et la Réconciliation (*Psychanalyse et théologie morale,* II), 1992.
Le Mensonge et le Suicide (*Psychanalyse et théologie morale,* III), 1992.
De l'immortalité des animaux, 1992, avec une postface de Michel Damien.
« La Boule de cristal ». Interprétation psychanalytique d'un conte de Grimm, 1993.
L'Évangile de Marc, Images de la rédemption. I. Introduction, 1993.
« Neigeblanche et Roserouge ». Interprétation psychanalytique d'un conte de Grimm, 1993.
« La Jeune Fille sans mains ». Interprétation psychanalytique, 1993.

Chez d'autres éditeurs

De la naissance des dieux à la naissance du Christ, Éd. du Seuil, 1992.
Fonctionnaires de Dieu, Albin Michel, 1993.

EUGEN DREWERMANN

Dieu guérisseur

La légende de Tobit
ou
le périlleux chemin de la rédemption

Interprétation psychanalytique
d'un livre de la Bible

Traduction de l'allemand par
CATHERINE MAZELLIER-GRÜNBECK

LES ÉDITIONS DU CERF
PARIS

1993

Titre original : Voller Erbarmen rettet er uns.
Die Tobit-Legende tiefenpsychologisch gedeutet

ISBN 2-204-04866-6

LE LIVRE DE TOBIT

Prologue.

1 [1]Livre des actes de Tobit, fils de Tobiel, fils
d'Ananiel, fils d'Adouël, fils de Gabaël, fils de
Raphaël, fils de Ragouël, de la descendance d'Ariel, de la
tribu de Nephtali, [2]qui, au temps de Salmanasar, roi
d'Assyrie, fut déporté de Thisbé, laquelle se trouve au sud
de Kydios de Nephtali, en Haute-Galilée, au-dessus
d'Aser, en retrait vers l'ouest, au nord de Phogor.

La vie pieuse de Tobit.

[3] Moi, Tobit, j'ai suivi les chemins de la vérité et
pratiqué les bonnes œuvres tous les jours de ma vie ; j'ai
fait beaucoup d'aumônes à mes frères et aux gens de ma
nation venus avec moi en déportation au pays d'Assyrie,
à Ninive.

[4]Quand j'étais dans mon pays, la terre d'Israël, au
temps de ma jeunesse, toute la tribu de Nephtali, mon
ancêtre, s'était détachée de la maison de David et de
Jérusalem, la ville choisie parmi toutes les tribus d'Israël
pour leur servir de lieu de sacrifice, là où le Temple, la
demeure de Dieu, avait été consacré et construit pour
toutes les générations à venir.

[5]Tous mes frères et la maison de Nephtali, mon ancê-
tre, sacrifiaient eux, sur toutes les montagnes de Galilée,
au veau que Jéroboam, roi d'Israël, avait fait à Dan. [6]Et

moi, bien souvent, je me trouvais tout seul pour aller à
Jérusalem au moment des fêtes, selon ce qui est prescrit
dans tout Israël par un décret perpétuel. J'accourais à
Jérusalem avec les prémices, les premiers-nés, la dîme du
bétail et la première tonte des brebis 7 et je les donnais aux
prêtres, fils d'Aaron, pour l'autel. Je donnais aussi la dîme
du blé, du vin, des olives, des grenades, des figues et des
autres fruits aux fils de Lévi en service à Jérusalem ; la
deuxième dîme, je la prélevais en argent et j'allais la
dépenser chaque année à Jérusalem. 8 Je donnais la troi-
sième aux orphelins, aux veuves et aux étrangers résidant
avec les fils d'Israël ; je l'apportais et la leur donnais tous
les trois ans et nous la mangions selon la prescription faite
à ce sujet dans la Loi de Moïse et les instructions données
par Débora, la mère d'Ananiel, notre père – car mon père
l'avait laissé orphelin, il était mort. 9 Parvenu à l'âge
d'homme, je pris une femme de la descendance de nos
pères et d'elle j'engendrai un fils à qui je donnai le nom
de Tobias.

10 Après la déportation en Assyrie, alors que j'étais
moi-même déporté, je vins à Ninive. Tous mes frères et les
gens de ma race mangeaient de la nourriture des païens,
11 mais moi, je me gardai de manger de la nourriture des
païens. 12 Et puisque je me souvenais que mon Dieu de
tout mon être, 13 le Très-Haut me donna de plaire à
Salmanasar et j'achetais pour lui tout ce dont il avait
besoin ; 14 je voyageais en Médie où je fis pour lui des
achats jusqu'à sa mort. C'est ainsi que je déposai chez
Gabaël, le frère de Gabri, au pays de Médie, dix talents
d'argent en sacs. 15 À la mort de Salmanasar, son fils
Sennakérib régna à sa place ; les routes de Médie se
trouvèrent en état d'insurrection et il ne me fut plus
possible d'aller en Médie.

16 Au temps de Salmanasar, j'avais fait beaucoup d'au-
mônes à mes frères de race ; 17 je donnais mon pain à ceux
qui avaient faim et des vêtements à ceux qui étaient nus. Si
je voyais le cadavre d'un de mes compatriotes jeté derrière

le rempart de Ninive, je l'enterrais. [18] Et tous ceux que tua
Sennakérib, lorsqu'il revint de Judée en déroute, au temps
du châtiment que lui infligea le Roi du ciel pour tous les
blasphèmes qu'il avait proférés, c'est moi qui les enterrai
– car dans sa fureur il tua beaucoup de fils d'Israël, mais je
dérobai leurs corps pour les enterrer ; Sennakérib les fit
chercher, mais en vain. [19] Un des habitants de Ninive alla
dire au roi que c'était moi qui les enterrais, alors je me
cachai ; puis quand je sus que le roi était au courant de mon
affaire et que j'étais recherché pour être mis à mort, je pris
peur et je m'enfuis. [20] On saisit tous mes biens, il ne me resta
rien qui ne fût confisqué par le trésor royal ; on ne me laissa
que ma femme Anna et mon fils Tobias. [21] Quarante jours
ne s'étaient pas écoulés que le roi fut tué par ses deux fils,
qui s'enfuirent dans les monts Ararat. Son fils Asarhaddon
lui succéda ; il chargea Ahikar, le fils de mon frère Anaël,
de toutes les finances de son royaume, et celui-ci eut donc
la haute main sur toute l'administration. [22] Alors Ahikar
intercéda pour moi et je pus redescendre à Ninive – Ahi-
kar, en effet, avait été grand échanson, garde du sceau, chef
de l'administration et des finances sous Sennakérib, roi
d'Assyrie, et Asarhaddon l'avait reconduit dans ses fonc-
tions ; de plus c'était mon neveu, il était de ma parenté.

Tobit dans l'épreuve.

2 [1] Sous le règne d'Asarhaddon, je rentrai donc chez
moi et ma femme Anna et mon fils Tobias me
furent rendus. À notre fête de la Pentecôte, c'est-à-dire la
sainte fête des Semaines, on me fit un bon dîner. Je
m'installai pour dîner, [2] on m'apporta la table, on m'ap-
porta quantité de plats fins, et je dis alors à mon fils
Tobias : « Va, mon enfant, tâche de trouver parmi nos
frères déportés à Ninive quelque pauvre qui se souvienne
du Seigneur de tout son cœur, amène-le pour partager
mon repas ; je vais donc attendre, mon enfant, jusqu'à ce

que tu reviennes. » 3 Tobias partit à la recherche d'un
pauvre parmi nos frères, mais il revint en disant : « Père ! »
Je lui dis : « Eh bien, mon enfant ? » Il me répondit :
« Père, il y a quelqu'un de notre nation qui a été assassiné,
on l'a jeté sur la grand-place, et il y est encore, étranglé. »
4 Je me précipitai, en laissant mon dîner avant d'y avoir
touché, pour enlever l'homme de la place, et je le déposai
dans une des dépendances en attendant le coucher du
soleil pour l'enterrer. 5 Rentré chez moi, je pris un bain et
je mangeai mon pain dans le deuil, 6 en me souvenant de
la parole du prophète Amos proférée contre Béthel :

Vos fêtes tourneront en deuil
et tous vos chemins *en lamentation.*

Et je me mis à pleurer. 7 Puis, quand le soleil fut couché,
je partis, je creusai une fosse et je l'enterrai. 8 Mes voisins
se moquaient en disant : « Il n'a plus peur ! On l'a déjà
recherché pour le mettre à mort à cause de ce genre
d'affaire, et il s'est enfui ; et de nouveau, le voici qui
enterre les morts. »

9 Cette nuit-là, je pris un bain, je sortis dans ma cour et
je me couchai le long du mur de la cour, le visage
découvert à cause de la chaleur. 10 Je ne savais pas qu'il y
avait des moineaux dans le mur, au-dessus de moi ; leur
fiente me tomba dans les yeux, toute chaude, et elle
provoqua des leucomes. J'allais bien me faire soigner chez
les médecins, mais plus ils m'appliquaient d'onguents,
plus j'avais les yeux aveuglés par les leucomes, et je finis
par être tout à fait aveugle. Je restai privé de la vue
pendant quatre ans. Tous mes frères étaient consternés
pour moi, et Ahikar pourvut à mes besoins durant deux
ans, avant son départ pour l'Élymaïde.

11 En ce moment-là, ma femme Anna avait pris du
travail d'ouvrière ; 12 elle livrait à ses maîtres, et ceux-ci lui
payaient son dû. Or le sept du mois de Dystros, elle
termina une pièce et la livra à ses maîtres, qui lui donnè-
rent tout son dû et la gratifièrent d'un chevreau pour la
table. 13 En approchant de moi, le chevreau se mit à bêler ;

j'appelai ma femme et lui dis : « D'où sort ce petit chevreau ? Et s'il avait été volé ? Rends-le à ses maîtres ! Nous n'avons pas le droit, nous, de manger quoi que ce soit de volé. »
14 Elle me dit : « Mais c'est un cadeau qu'on m'a fait en plus de ce qu'on me devait ! » Pourtant je continuais à ne pas la croire et à lui dire de le rendre à ses maîtres. Et à cause de lui je m'indignais contre elle. Alors elle me répliqua : « Où sont-elles tes aumônes ? Où sont-elles tes bonnes œuvres ? Tout ce qui t'arrive est bien clair. »

Prière de Tobit.

3 1 Plein d'une grande tristesse, je me mis à gémir et à pleurer, puis je commençai à prier avec des gémissements :
2 « Tu es juste, Seigneur,
et toutes tes œuvres sont justes.
Tous tes chemins sont fidélité et vérité,
c'est toi qui juges le monde.
3 Alors, Seigneur, souviens-toi de moi,
regarde et ne me punis pas pour mes péchés
ni pour mes manquements,
ni pour ceux que mes pères ont commis devant toi.
4 Ils ont désobéi à tes commandements,
c'est pourquoi tu nous a livrés au pillage,
à la déportation et à la mort,
voués à être la fable, la risée,
l'objet d'insulte de toutes les nations
parmi lesquelles tu nous as dispersés.
5 Oui, tous tes jugements sont véridiques,
quand tu me traites selon mes péchés et ceux de mes pères,
car nous n'avons pas observé tes commandements
ni marché dans la vérité devant toi.
6 Et maintenant, traite-moi comme il te plaira,

ordonne que me soit repris mon souffle,
que je sois délivré de la face de la terre
pour redevenir terre.
Mieux vaut pour moi mourir que vivre,
car je me suis entendu insulter à tort
et j'ai en moi une immense tristesse.
Ordonne, Seigneur, que je sois délivré de cette détresse,
laisse-moi partir au séjour éternel
et ne détourne pas ta face de moi, Seigneur.
Oui, mieux vaut pour moi mourir
que de connaître une telle détresse toute ma vie
et que de m'entendre insulter. »

Les malheurs de Sara.

[7] Le même jour, il advint que Sara, la fille de Ragouël d'Ecbatane en Médie, s'entendit elle aussi insulter par l'une des servantes de son père. [8] La raison en était qu'elle avait été donnée sept fois en mariage, et qu'Asmodée, le démon mauvais, avait tué chaque fois ses maris avant qu'ils ne se soient unis à elle, selon le devoir qu'on a envers une épouse. La servante lui dit donc : « C'est toi qui tues tes maris ! En voilà déjà sept à qui tu as été donnée, et tu n'as pas porté le nom d'un seul ! [9] Pourquoi nous maltraites-tu sous prétexte que tes maris sont morts ? Va les rejoindre, et qu'on ne voie jamais de toi ni fils ni fille ! » [10] Ce jour-là, pleine de tristesse, elle se mit à pleurer et monta dans la chambre haute de son père avec l'intention de se pendre ; mais à la réflexion, elle se dit : « Ne va-t-on pas insulter mon père et lui dire : "Tu n'avais qu'une fille chérie, et elle s'est pendue à cause de ses malheurs !" Je ferais descendre la vieillesse de mon père dans la tristesse au séjour des morts. Je ferais mieux de ne pas me pendre, mais de supplier le Seigneur de me faire mourir pour que je ne m'entende plus insulter toute ma vie. »

Prière de Sara.

11 À l'instant même, elle étendit les mains du côté de la fenêtre et fit cette prière :

« Béni sois-tu, ô Dieu compatissant !
Béni soit ton Nom pour les siècles !
Que toutes tes œuvres te bénissent à jamais !
12 À présent, c'est vers toi que je lève le visage
et que je tourne les yeux.
13 Fais que je sois délivrée de cette terre
et que je ne m'entende jamais plus insulter.
14 Tu le sais, Maître, je suis restée pure
de tout acte impur avec un homme.
15 Je n'ai sali ni mon nom ni le nom de mon père
sur la terre où je suis déportée.
Je suis la fille unique de mon père, il n'a pas d'autre enfant pour hériter de lui ;
il n'a non plus ni frère auprès de lui, ni parent
pour lequel je devrais me garder comme épouse.
J'ai déjà perdu sept maris :
pourquoi devrais-je vivre encore ?
Mais s'il ne te plaît pas de me faire mourir,
alors, Seigneur, prête l'oreille à l'insulte qui m'est faite. »

Tobit et Sara exaucés.

16 Dans l'instant même, leur prière à tous les deux fut
entendue en présence de la gloire de Dieu, 17 et Raphaël
fut envoyé pour les guérir tous deux : Tobit, en faisant partir les leucomes de ses yeux, afin qu'il voie de ses yeux la lumière de Dieu ; Sara, la fille de Ragouël, en la donnant pour femme à Tobias, le fils de Tobit, et en expulsant d'elle Asmodée, le démon mauvais — c'est à Tobias, en effet, qu'il revenait de l'obtenir avant tous les autres prétendants.

À cet instant, Tobit rentra de sa cour dans sa maison et Sara, la fille de Ragouël, descendit quant à elle de la chambre haute.

Testament de Tobit.

4 1 Ce jour-là, Tobit se souvint de l'argent qu'il avait
déposé chez Gabaël, à Raguès de Médie 2 et il se
dit en lui-même : « Voici que j'ai demandé la mort ; je
ferais bien d'appeler mon fils Tobias pour lui révéler
l'existence de cet argent avant de mourir. » 3 Il appela son
fils Tobias, qui vint auprès de lui, et il lui dit :
« Enterre-moi comme il convient. Honore ta mère.
Ne l'abandonne à aucun jour de sa vie. Fais tout ce qui
lui est agréable. Ne contriste en rien son esprit. 4 Sou-
viens-toi, mon enfant, de tous les risques qu'elle a
courus pour toi quand tu étais dans son sein. Et quand
elle mourra, enterre-la auprès de moi dans un même
tombeau.
5 Tout au long de tes jours, mon enfant, fais mémoire
du Seigneur, ne consens pas à pécher ni à transgresser
ses commandements. Accomplis des œuvres de justice
tous les jours de ta vie et ne suis pas les chemins de
l'injustice, 6 car ceux qui font la vérité réussiront dans
leurs entreprises. 7 Tous ceux qui pratiquent la justice,
fais-leur l'aumône sur tes biens. Que ton regard soit sans
regrets, quand tu fais l'aumône. Ne détourne jamais ta
face d'un pauvre, et la face de Dieu ne se détournera pas
de toi. 8 Fais l'aumône suivant ce que tu as, selon l'im-
portance de tes biens. Si tu as peu, ne crains pas de
faire l'aumône selon le peu que tu as : « c'est un beau
trésor que tu te constitues pour le jour de la détresse,
10 parce que l'aumône délivre de la mort et empêche
d'aller dans les ténèbres ; 11 en effet, pour tous ceux qui
la font, l'aumône est une belle offrande aux yeux du
Très-Haut.

12 Garde-toi, mon enfant, de toute union illégale, et en premier lieu prends une femme de la race de tes pères. Ne prends pas une femme étrangère, qui ne serait pas de la tribu de ton père, parce que nous sommes fils des prophètes. Souviens-toi, mon enfant, de Noé, d'Abraham, d'Isaac, de Jacob, nos pères : dès les temps anciens ils ont tous pris femme chez leurs frères, aussi ont-ils été bénis dans leurs enfants et leur race aura la terre en héritage. 13 Ainsi donc, mon enfant, préfère tes frères ; ne fais pas l'orgueilleux face à tes frères, aux fils et aux filles de ton peuple, ne dédaigne pas de prendre une femme parmi eux, parce que, dans l'orgueil, il y a bien des ruines et des bouleversements et, dans l'incurie, décadence et misère extrêmes, car l'incurie est mère de la famine.

14 Ne garde pas jusqu'au lendemain le salaire d'un travailleur, mais paie-le tout de suite, et si tu sers Dieu, tu seras payé de retour. Prends garde à toi, mon enfant, dans toutes tes actions et fais preuve de maturité dans toute ta conduite. 15 Ce que tu n'aimes pas, ne le fais à personne. Ne bois pas de vin jusqu'à t'enivrer et que l'ivresse ne t'accompagne pas sur ton chemin. 16 Donne de ton pain à celui qui a faim et de tes vêtements à ceux qui sont nus. Avec tout ton superflu, fais l'aumône. Que ton regard soit sans regrets quand tu fais l'aumône. 17 Prodigue ton pain sur le tombeau des justes, mais ne donne pas pour les pécheurs.

18 Prends conseil de toute personne avisée et ne méprise pas un bon conseil. 19 En toute occasion, bénis le Seigneur ton Dieu et demande-lui de rendre droits tes chemins et de faire aboutir toutes tes démarches et tous tes projets, car aucun peuple ne détient la perspicacité, mais c'est le Seigneur lui-même qui donne tout bien, il abaisse qui il veut jusqu'au fond du séjour des morts.

Et maintenant, mon enfant, garde en mémoire ces instructions et qu'elles ne s'effacent pas de ton cœur. 20 À présent, mon enfant, je dois t'apprendre que j'ai déposé dix talents d'argent chez Gabaël, le fils de Gabri, à Raguès

de Médie. 21 N'aie pas de crainte, mon enfant, si nous
sommes devenus pauvres ; tu possèdes une grande ri-
chesse, si tu crains Dieu, si tu fuis toute espèce de péché
et si tu fais ce qui est bien aux yeux du Seigneur ton
Dieu. »

Préparatifs de voyage.

5 1 Alors Tobias répondit à son père Tobit : « Je
ferai, père, tout ce que tu m'as ordonné. 2 Mais
comment pourrai-je lui reprendre cet argent, alors que ni
lui ni moi ne nous connaissons ? Quel signe lui donner
pour qu'il me reconnaisse, qu'il me fasse confiance et me
donne l'argent ? Et puis je ne connais pas les chemins à
prendre pour aller à Médie ! » 3 Tobit répondit alors à son
fils Tobias : « Il m'a signé un acte, je l'ai contresigné, je
l'ai partagé en deux pour que nous en ayons chacun une
moitié et j'ai mis la sienne avec l'argent. Et voilà mainte-
nant vingt ans que j'ai mis cet argent en dépôt ! À présent,
mon enfant, cherche-toi quelqu'un de sûr pour t'accom-
pagner ; nous lui paierons un salaire jusqu'à ton retour. Va
donc reprendre cet argent chez Gabaël. »
4 Tobias sortit à la recherche de quelqu'un qui pourrait
l'accompagner en Médie et qui connaîtrait bien le chemin.
Dehors, il trouva l'ange Raphaël debout devant lui mais
il ne se douta pas que c'était un ange de Dieu. 5 Il lui dit :
« D'où es-tu, ami ? » L'ange lui dit : « Je suis un fils
d'Israël, l'un de tes frères, et je suis venu par ici pour
travailler. » Tobias lui dit : « Connais-tu le chemin pour
aller en Médie ? » 6 L'ange lui dit : « Oui, j'ai été très
souvent là-bas, je connais tous les chemins par cœur. Je
suis allé bien des fois en Médie et je logeais chez Gabaël,
notre frère, qui habite à Raguès de Médie. Il y a deux jours
de marche normale d'Ecbatane à Raguès, car ce sont deux
villes situées dans la montagne. » 7 Tobias lui dit : « At-
tends-moi, ami, le temps que j'aille prévenir mon père, car

j'ai besoin que tu viennes avec moi, je te paierai ton
salaire. » 8 L'autre dit : « Bon, je reste-là, seulement ne
t'attarde pas. »

9 Tobias rentra prévenir son père Tobit et lui dit :
« Voilà, j'ai trouvé quelqu'un ; il est de nos frères, les fils
d'Israël. » Tobit lui dit : « Appelle-le moi, que je sache de
quel clan et de quelle tribu il est et si on peut compter sur
lui pour t'accompagner, mon enfant. » 10 Tobias sortit
l'appeler et lui dit : « Ami, mon père t'appelle. »

L'ange entra dans la maison et Tobit le salua le premier.
L'autre répondit : « Je te souhaite du bonheur en abon-
dance. » Tobit reprit : « Quel bonheur puis-je encore
avoir ? Je suis un homme privé de la vue, je ne vois plus
la lumière du ciel, mais je gis dans les ténèbres comme les
morts qui ne contemplent plus la lumière. Vivant, j'habite
parmi les morts ; j'entends la voix des gens, mais je ne les
vois pas. » L'ange lui dit : « Courage, Dieu ne tardera pas
à te guérir, courage. » Tobit lui dit : « Mon fils Tobias a
l'intention d'aller en Médie. Pourrais-tu l'accompagner et
lui servir de guide ? Je te paierai ton salaire, frère. » Il lui
dit : « Je suis en mesure de l'accompagner, je connais tous
les chemins, je suis souvent allé en Médie, j'en ai parcouru
toutes les plaines et les montagnes et j'en sais tous les
chemins. » 11 Tobit lui dit : « Frère, de quelle famille es-tu
et de quelle tribu ? Apprends-le moi, frère. » 12 L'autre dit :
« Que t'importe ma tribu ? » Tobit lui dit : « Je veux savoir
vraiment, frère, de qui tu es le fils et quel est ton nom. »
13 Il lui répondit : « Je suis Azarias, fils d'Ananias le
Grand, l'un de tes frères. » 14 Tobit lu dit : « Sois le
bienvenu, frère. Ne m'en veuille pas, frère, de ce que j'ai
voulu savoir la vérité sur ta famille. Il se trouve que tu es
un frère et que tu es d'excellente origine. Je connaissais
bien Ananias et Nathan, les deux fils de Sémélias le
Grand. Ils venaient avec moi à Jérusalem et y adoraient
avec moi. Ils ne se sont pas fourvoyés. Tes frères sont des
gens de bien, tu es de bonne souche. Je te souhaite le
bonjour. »

15 Et il poursuivit : « Je te donne un salaire d'une
drachme par jour et, en ce qui concerne ton entretien, la
même chose qu'à mon fils. 16 Accompagne donc mon fils,
et j'ajouterai encore quelque chose à ton salaire. »
17 L'ange dit : « Oui, je vais l'accompagner, ne crains
rien. Tout se passera bien pour nous à notre départ
comme à notre retour vers toi, car la route est sûre. »
Tobit lui dit : « Sois béni, frère ! » Puis il appela son fils
et lui dit : « Mon enfant, prépare ce qu'il te faut pour le
voyage et pars avec ton frère. Que le Dieu qui est au ciel
vous ait là-bas en sa sauvegarde et qu'il vous ramène sains
et saufs auprès de moi ! Et que son ange fasse route avec
vous pour vous garder, mon enfant ! »
Tobias sortit pour se mettre en route, il embrassa son
père et sa mère et Tobit lui dit : « Bon voyage ! » 18 Sa
mère se mit à pleurer et elle dit à Tobit : « Pourquoi
donc as-tu fait partir mon enfant ? N'est-ce pas lui le
bâton de notre main, lui qui va et vient devant nous ?
19 Que l'argent ne s'ajoute pas à l'argent, mais qu'il
compte pour rien en regard de notre enfant. 20 Le genre
de vie que le Seigneur nous a donné nous suffisait bien. »
21 Mais il lui dit : « Ne te tracasse pas ; tout se passera
bien pour notre enfant à son départ comme à son retour
vers nous, et tes yeux verront le jour où il reviendra vers
toi sain et sauf. 22 Ne te tracasse pas, cesse de craindre
pour eux, ma sœur : un bon ange l'accompagnera, son
voyage réussira et il reviendra sain et sauf. » 23 Et elle
s'arrêta de pleurer.

La capture du poisson.

6 1 Le garçon partit, et l'ange avec lui ; le chien aussi
partit avec lui et les accompagna. Ils firent donc
route tous les deux. Quand arriva la première nuit, ils
campèrent au bord du Tigre. 2 Le garçon descendit se
laver les pieds dans le Tigre. Alors un gros poisson sauta

hors de l'eau et voulut lui avaler le pied. Le garçon cria.
3 L'ange lui dit : « Attrape-le et maîtrise-le ! » Le garçon
se rendit maître du poisson et le tira à terre. 4 L'ange lui
dit : « Ouvre-le, enlève-lui le fiel, le cœur et le foie,
mets-les de côté, puis jette les entrailles ; en effet, ce fiel,
ce cœur et ce foie sont très utiles comme remèdes. » 5 Le
garçon ouvrit le poisson, recueillit le fiel, le cœur et le foie
puis il fit griller un peu du reste, qu'il mangea, et il en mit
à saler.

6 « Ils poursuivirent tous les deux leur route ensemble
jusqu'aux approches de la Médie. 7 Alors le garçon posa
à l'ange cette question : « Azarias, mon frère, quel remède
y a-t-il donc dans le cœur et le foie du poisson, et dans son
fiel ? » 8 Il lui répondit : « Le cœur et le foie du poisson,
tu en fais monter la fumée devant l'homme ou la femme
qu'attaque un démon ou un esprit mauvais : toute attaque
sera écartée, on sera débarrassé pour toujours. » 9 Quant
au fiel, tu en enduis les yeux de celui qui a des leucomes,
tu souffles sur les leucomes et ils guérissent. »

Projet de mariage.

10 Ils avaient pénétré en Médie et ils approchaient déjà
d'Ecbatane, 11 quand Raphaël dit au garçon : « Tobias,
mon frère ! » Il lui répondit : « Qu'y a-t-il ? » L'ange lui
dit : « C'est chez Ragouël qu'il nous faut passer la nuit qui
vient. C'est un parent à toi. Il a une fille du nom de Sara.
12 À part cette seule Sara, il n'a ni garçon ni fille ; tu es
pour elle le plus proche parent et c'est à toi de l'obtenir
en priorité, de même que tu as droit à hériter de la fortune
de son père. C'est une jeune fille réfléchie, courageuse,
qui a beaucoup de charme et son père est un homme
bien. » 13 Et il ajouta : « Tu es en droit de l'épouser.
Écoute-moi, frère, je vais dès ce soir parler de la jeune fille
à son père pour que nous te l'obtenions comme fiancée ;
et quand nous reviendrons de Raguès, nous ferons ses

noces. Je sais que Ragouël ne peut absolument pas te la refuser ni la fiancer à un autre, car il encourrait la mort selon le verdict du livre de Moïse, du moment qu'il saurait qu'il te revient en priorité d'obtenir sa fille en mariage. Ainsi donc, écoute-moi, frère, nous allons dès ce soir parler de la jeune fille et la demander pour toi en mariage ; et quand nous reviendrons de Raguès, nous la prendrons et l'emmènerons avec nous dans ta maison. »

14 Tobias répondit alors à Raphaël : « Azarias, mon
frère, j'ai entendu dire qu'elle a déjà été donnée sept fois
en mariage et que tous ses maris sont morts dans la
chambre des noces ; la nuit même où ils entraient auprès
d'elle, ils mouraient. J'ai entendu dire par certains que
c'était un démon qui les tuait, 15 si bien qu'à présent j'ai
peur. Elle, il ne lui fait pas de mal, mais dès que quel-
qu'un veut s'approcher d'elle, il le tue. Je suis le fils
unique de mon père. Que je vienne à mourir, je ferais
descendre dans la tombe la vie de mon père et de ma
mère, pleins de douleur à cause de moi. Et ils n'ont pas
d'autre fils pour les enterrer. » 16 Raphaël lui dit : « As-tu
oublié les instructions de ton père, comment il t'a or-
donné de prendre une femme de la maison de ton père ?
Allons, écoute-moi, frère, ne te tracasse pas pour ce
démon et épouse-la. Je sais d'ailleurs que ce soir même
on te la donnera pour femme. 17 Mais quand tu seras entré
dans la chambre des noces, prends un morceau du foie du
poisson ainsi que le cœur et mets-les sur la braise du
brûle-parfums. L'odeur se répandra, le démon le sentira,
il s'enfuira et jamais on ne le reverra autour d'elle.
18 Quand tu seras sur le point de t'unir à elle, levez-vous
d'abord tous les deux, priez et suppliez le Seigneur du
ciel de vous accorder miséricorde et salut. Ne crains pas,
car c'est à toi qu'elle a été destinée depuis toujours et
c'est toi qui dois la sauver. Elle te suivra, et je gage que
tu auras d'elle des enfants qui te seront comme des frères.
Ne te tracasse pas. »

19 Lorsque Tobias eut entendu les paroles de Raphaël et

qu'il eut appris qu'elle était pour lui une sœur, de la race
et de la maison de son père, il l'aima passionnément et
son cœur s'attacha à elle.

Mariage de Tobias.

7 1 En entrant à Ecbatane, Tobias dit : « Azarias,
mon frère, conduis-moi tout droit chez notre frère
Ragouël. » L'ange le conduisit à la maison de Ragouël. Ils
le trouvèrent assis devant la porte de la cour et ils le
saluèrent les premiers. Il leur dit : « Je vous salue bien,
frères, vous êtes les bienvenus », et il les fit entrer dans sa
maison. 2 Il dit à sa femme Edna : « Comme ce jeune
homme ressemble à mon frère Tobit ! » 3 Edna les interro-
gea et leur dit : « D'où êtes-vous, frères ? » Ils lui dirent :
« De chez les fils de Nephtali déportés à Ninive. » 4 Elle
leur dit : « Connaissez-vous notre frère Tobit ? » Ils lui
dirent : « Oui, nous le connaissons. » 5 Elle leur dit :
« Comment va-t-il ? » Ils lui dirent : « Il va bien, il est
toujours en vie. » Et Tobias ajouta : « C'est mon père. »
6 Ragouël se leva d'un bond, l'embrassa tendrement et se
mit à pleurer. Puis il parla et lui dit : « Sois béni, mon
enfant ! Tu as un père excellent. Quel grand malheur
qu'un homme si juste, qui faisait tant d'aumônes, soit
devenu aveugle ! » Et se jetant au cou de son frère Tobias,
il se remit à pleurer. 7 Sa femme Edna pleura de même
sur Tobit, et leur fille Sara se mit à pleurer, elle aussi.
8 Puis il tua un bélier du troupeau et il les reçut chaleureu-
sement.

9 Une fois lavés et baignés, quand ils se furent mis à
table, Tobias dit à Raphaël : « Azarias, mon frère, de-
mande à Ragouël de me donner ma sœur Sara. » 10 Ra-
gouël entendit cette parole et dit au jeune homme :
« Mange, bois et profite de la soirée, car il ne revient à
personne, sinon à toi, mon frère, d'épouser ma fille Sara,
et moi de même, je n'ai pas pouvoir de la donner à un

autre que toi, puisque tu es mon plus proche parent.
Cependant, mon enfant, je vais te dire toute la vérité. [11] Je
l'ai déjà donnée à sept hommes d'entre nos frères, et tous sont morts la nuit où ils allaient vers elle. Mais à présent, mon enfant, mange et bois et le Seigneur interviendra en
votre faveur. » [12] Mais Tobias dit : « Je ne mangerai ni ne boirai rien ici tant que tu n'auras pas tranché la chose. » Ragouël lui dit : « Eh bien ! je vais le faire. Puisqu'elle t'est donnée selon la décision du livre de Moïse, c'est le Ciel qui décide qu'on te la donne. Reçois donc ta sœur. À partir de maintenant, tu es son frère et elle est ta sœur. Elle t'est donnée à partir d'aujourd'hui et pour toujours. Le Seigneur du ciel fera que cette nuit se passe bien pour vous, mon enfant. Qu'il vous manifeste sa miséricorde et
sa paix ! » [13] Ragouël appela alors sa fille Sara, et elle vint
vers lui. La prenant par la main, il la remit à Tobias en disant :« Reçois-la selon la Loi et selon la décision consignée dans le livre de Moïse, qui te la donnent pour femme. Prends-la et emmène-la sans encombre chez ton père.
Que le Dieu du ciel vous conduise dans la paix ! » [14] Puis
il appela la mère de Sara et lui dit d'apporter de quoi écrire. Il rédigea le libellé du contrat de mariage, comme quoi il la lui donnait pour femme selon la décision de la Loi de Moïse. Alors seulement, ils commencèrent à manger et à boire.

La nuit des noces.

[15] Ragouël appela sa femme Edna et lui dit : « Ma sœur, prépare l'autre chambre et conduis-y Sara. »

[16] Elle s'en alla préparer un lit dans la chambre, comme il le lui avait dit. Elle y mena sa fille et se mit à pleurer
sur elle, puis elle essuya ses larmes et lui dit : [17] « Courage,
ma fille, que le Seigneur du ciel change ton affliction en joie, courage, ma fille. » Et elle sortit.

8 1 Quand ils eurent fini de manger et de boire, ils
voulurent se coucher. On emmena le jeune homme
et on le fit entrer dans la chambre. 2 Tobias se souvint des
paroles de Raphaël : il tira de son sac le foie et le cœur
du poisson et les mit sur la braise du brûle-parfums.
3 L'odeur du poisson arrêta le démon, qui s'enfuit par les
airs dans les contrées d'Égypte. Raphaël s'y rendit, l'en-
trava et l'enchaîna sur-le-champ. 4 Puis on laissa Tobias et
on ferma la porte de la chambre. Il se leva du lit et dit à
Sara : « Lève-toi, ma sœur, prions et supplions notre
Seigneur de nous manifester sa miséricorde et son salut. »
5 Elle se leva et ils se mirent à prier et à supplier, pour que
leur soit accordé le salut. Et il se mit à dire :

« Béni sois-tu, Dieu de nos pères !
Béni soit ton Nom dans toutes les générations à venir !
Que te bénissent les cieux et toute ta création dans tous
les siècles !
6 C'est toi qui as fait Adam,
c'est toi qui as fait pour lui une aide et un soutien, sa
femme Ève,
et de tous deux est née la race des hommes.
C'est toi qui as dit :
Il n'est pas bon que l'homme soit seul,
faisons-lui une aide semblable à lui.
7 À présent donc, ce n'est pas un désir illégitime
qui me fait épouser ma sœur que voici,
mais le souci de la vérité.
Ordonne qu'il nous soit fait miséricorde, à elle et à moi,
et que nous parvenions ensemble à la vieillesse. »

8 Puis ils dirent d'une seule voix : « Amen, amen ! », 9 et ils
se couchèrent pour la nuit.

10 Or Ragouël se leva et rassembla les serviteurs. Ils s'en
allèrent creuser une tombe. Ragouël s'était dit en effet :
« Il se pourrait qu'il meure ; ne serions-nous pas objet de
risée et d'insulte ? » 11 Quand ils eurent fini de creuser la
tombe, Ragouël revint à la maison et appela sa femme. 12 Il
lui dit : « Envoie une des servantes dans la chambre voir

s'il est vivant : de cette façon, s'il est mort, nous pourrions
l'enterrer sans que personne n'en sache rien. » 13 Ils averti-
rent la servante, allumèrent la lampe et ouvrirent la porte ;
elle entra et les trouva qui dormaient ensemble d'un
profond sommeil. 14 Elle ressortit les prévenir : « Il est
vivant, tout va bien. » 15 Alors ils bénirent le Dieu du ciel,
en disant :

« Béni sois-tu, ô Dieu, de toute bénédiction pure !
Qu'on te bénisse dans tous les siècles !
16 Béni sois-tu de m'avoir comblé de joie !
car il n'en a pas été comme je me l'imaginais,
mais tu nous as traités selon ta grande miséricorde.
17 Béni sois-tu d'avoir pris en pitié deux enfants uniques !
Manifeste-leur, Maître, ta miséricorde et ton salut
et fais que leur vie s'écoule dans la joie et la grâce. »
18 Et il ordonna à ses serviteurs de combler la tombe avant
le lever du jour.

Le festin des noces.

19 Ragouël dit à sa femme de faire du pain en quantité,
puis, allant au troupeau, il en ramena deux bœufs, et
quatre béliers et les fit apprêter. Et on commença les
préparatifs. 20 Il appela Tobias et lui déclara : « Pendant
quatorze jours, tu ne bougeras pas d'ici, mais tu resteras
là à manger et à boire chez moi et tu remettras la joie au
cœur de ma fille, qui est encore sous le coup de ses
malheurs. 21 Prends dès maintenant la moitié de tous mes
biens, et tu retourneras sans encombre auprès de ton père.
L'autre moitié sera à vous quand nous serons morts, ma
femme et moi. Courage, mon enfant, je suis ton père et
Edna est ta mère. Nous sommes auprès de toi et de ta
sœur, à partir de maintenant et pour toujours, courage,
mon enfant. »

Recouvrement du dépôt d'argent.

9 1 Alors Tobias appela Raphaël et lui dit : 2 « Aza-
rias, mon frère, emmène avec toi quatre serviteurs
et deux chameaux ; va à Raguès, rends-toi chez Gabaël,
donne-lui l'acte de dépôt et recouvre l'argent, puis ramène
Gabaël avec toi pour les noces. 3-4 Tu sais bien que mon
père ne cesse de compter les jours. Si je tarde un seul jour,
je lui causerai beaucoup de peine. D'autre part, tu vois ce
que Ragouël a juré : je ne peux pas passer outre à son
serment. » 5 Raphaël partit avec les quatre serviteurs et les
deux chameaux à Raguès de Médie et ils passèrent la nuit
chez Gabaël. Il lui remit l'acte et lui apprit que Tobias, le
fils de Tobit, avait pris femme et l'invitait aux noces.
Gabaël lui compta aussitôt les sacs, munis de leur sceau,
et ils les chargèrent. 6 Puis ils partirent ensemble de bon
matin et allèrent aux noces. Ils entrèrent chez Ragouël et
trouvèrent Tobias à table. Celui-ci se leva d'un bond et
salua Gabaël, qui se mit à pleurer et qui le bénit en ces
termes : « Fils excellent d'un homme excellent, juste et
charitable ! Que le Seigneur te donne la bénédiction du
Ciel, à toi, à ta femme, au père et à la mère de ta femme !
Béni soit Dieu, car c'est mon cousin Tobit en personne
que j'ai vu. »

Tobit et Anna dans l'attente.

10 1 Cependant, jour après jour, Tobit faisait le
compte des jours nécessaires pour l'aller et pour
le retour. Quand tous les jours se furent écoulés, son fils
n'était toujours pas là. 2 Il se dit : « Aurait-il été retenu
là-bas ? Gabaël est peut-être mort et il n'y a personne pour
lui donner l'argent. » 3 Et il commença à se tourmenter.
4 Sa femme Anna disait : « Mon enfant a péri, il n'est plus
parmi les vivants. » Elle commença à pleurer et à se
lamenter sur son fils, en disant : 5 « Malheur à moi, mon

fils : je t'ai laissé partir, toi, la lumière de mes yeux ! » 6 Et Tobit lui disait : « Tais-toi, ne te tracasse pas, ma sœur, il va bien ; c'est sûrement un contretemps qu'ils ont eu là-bas, car celui qui l'accompagne est un homme sûr, c'est l'un de nos frères. Ne te tourmente pas pour lui, ma sœur, il sera bientôt ici. » 7 Mais elle lui répondit : « Ne me dis plus rien, cesse de me mentir : mon enfant a péri ! » Et chaque jour, elle sortait au plus vite pour surveiller le chemin par où son fils était parti, car elle ne se fiait à personne. Après le coucher du soleil, elle rentrait pour se lamenter et pleurer toute la nuit sans trouver le sommeil.

Tobias sur le retour.

8 Quand se furent écoulés les quatorze jours de noces que Ragouël avait juré de faire pour sa fille, Tobias vint lui dire : « Laisse-moi partir, car je sais bien que mon père et ma mère n'ont plus l'espoir de me revoir. C'est pourquoi, je t'en prie, père, laisse-moi partir et retourner chez mon père ; je t'ai déjà expliqué dans quelle situation je l'ai laissé. » 9 Mais Ragouël dit à Tobias : « Reste, mon enfant, reste avec moi. Je vais envoyer des messagers à ton père Tobit et ils lui donneront de tes nouvelles. » Tobias lui dit : « Non vraiment, je t'en prie, laisse-moi m'en retourner chez mon père. » 10 Aussitôt Ragouël lui remit Sara, sa femme, ainsi que la moitié de tous ses biens : serviteurs et servantes, bœufs et brebis, ânes et chameaux, vêtements, argent et objets divers. 11 Il les laissa partir tout heureux. Il salua Tobias en ces termes : « Porte-toi bien, mon enfant, et bon voyage ! Que le Seigneur du ciel vous guide, toi et ta femme Sara, et que je puisse voir vos enfants avant de mourir ! » 12 Il dit à sa fille Sara : « Va chez ton beau-père, puisque désormais ce sont tes parents comme ceux qui t'ont donné la vie. Va en paix, ma fille, et que je puisse entendre dire du bien de toi tant que je

vivrai ! » Puis il les salua et les laissa partir. [13] À son tour, Edna dit à Tobias : « Fils et frère très cher, que le Seigneur te ramène, et que je puisse vivre assez pour voir tes enfants et ceux de ma fille Sara avant de mourir ! En présence du Seigneur, je confie ma fille à ta garde. Ne la contriste à aucun jour de ta vie. Mon enfant, va en paix ! Désormais je suis ta mère et Sara est ta sœur. Puissions-nous tous connaître un égal bonheur tous les jours de notre vie ! » Puis elle les embrassa tous les deux et les laissa partir tout heureux. [14] Ainsi Tobias partit de chez Ragouël heureux et joyeux, en bénissant le Seigneur du ciel et de la terre, le Roi de l'univers, d'avoir fait réussir son voyage. Ragouël lui dit : « Puisses-tu avoir le bonheur d'honorer tes parents tous les jours de leur vie ! »

Guérison de Tobit.

11 [1] Comme ils approchaient de Kaserîn, en face de Ninive, Raphaël dit : [2] « Tu sais dans quelle situation nous avons laissé ton père. [3] Prenons de l'avance sur ta femme pour préparer la maison pendant que les autres arrivent. » [4] Ils partirent tous les deux ensemble – Raphaël avait dit à Tobias : « Garde le fiel à portée de la main. » – Le chien suivit derrière eux. [5] Or Anna était assise, en train de surveiller le chemin d'où viendrait son fils. [6] Elle l'aperçut qui venait et elle dit à son père : « Voici ton fils qui arrive avec l'homme qui l'a accompagné. » [7] Raphaël dit à Tobias, avant qu'il ne soit auprès de son père : « Je sais que ses yeux s'ouvriront. [8] Applique-lui le fiel du poisson sur les yeux : le remède fera se craqueler et s'écailler les leucomes de ses yeux ; alors ton père recouvrera la vue et verra la lumière. »

[9] Anna courut se jeter au cou de son fils et lui dit : « Je te revois, mon enfant ; désormais je peux mourir ! » Et elle se mit à pleurer. [10] Tobit se leva et, tout en trébuchant, il sortit par la porte de la cour. [11] Tobias marcha à sa

rencontre, le fiel du poisson à la main, il lui souffla dans
les yeux et lui dit, en le tenant bien : « Courage, père ! »
Il lui appliqua le remède et le maintint. 12 Puis de ses deux
mains il fit s'écailler les leucomes aux coins de ses yeux.
13 Alors Tobit se jeta à son cou et se mit à pleurer en lui
disant : « Je te revois, mon fils, lumière de mes yeux ! »
14 Et il dit :

« Béni soit Dieu !
Béni soit son grand Nom !
Bénis soient tous ses saints anges !
Que son grand Nom soit sur nous !
Bénis soient tous les anges dans tous les siècles !
Car le Seigneur m'avait frappé,
et voici que je vois mon fils Tobias. »

15 Tobias entra, joyeux et bénissant Dieu à pleine voix.
Il expliqua à son père que son voyage avait bien réussi,
qu'il rapportait l'argent et aussi comment il avait pris pour
femme Sara, la fille de Ragouël ; et il ajouta : « Voici
qu'elle arrive, elle est tout près de la porte de Ninive. »

16 Tobit, joyeux et bénissant Dieu, partit à la rencontre
de sa belle-fille vers la porte de Ninive. Quand les gens de
Ninive le virent marcher et circuler en pleine santé, sans
que personne le guide, ils furent émerveillés. Tobit pro-
clamait devant eux que Dieu avait eu pitié de lui et lui
avait ouvert les yeux. 17 Il arriva près de Sara, la femme
de son fils Tobias, et il la bénit en ces termes : « Sois
la bienvenue, ma fille ! Béni soit ton Dieu, qui t'a fait venir
chez nous, ma fille ! Béni soit ton père ! Béni soit mon fils
Tobias et bénie sois-tu, ma fille ! Entre dans ta maison,
sois la bienvenue, à toi bénédiction et joie, entre, ma
fille ! » 18 En ce jour-là, il y eut de la joie parmi tous les
Juifs de Ninive. 19 Ahikar et Nadan, les neveux de Tobit,
vinrent aussi chez lui, pleins de joie.

Révélation de Raphaël.

12 1 Quand les noces furent terminées, Tobit appela
son fils Tobias et lui dit : « Mon enfant, veille
à payer le salaire de ton compagnon de route, en y
ajoutant quelque chose. » 2 Il lui dit : « Père, combien
vais-je lui donner ? Même en lui donnant la moitié des
biens qu'il a rapportés avec moi, je ne suis pas lésé. 3 Il me
ramène sain et sauf, il a guéri ma femme, il a rapporté
l'argent avec moi, il t'a guéri : combien lui donner après
tout cela ? » 4 Tobit lui dit : « Mon enfant, il est juste qu'il
prenne la moitié de tout ce qu'il a rapporté. » 5 Tobias
l'appela et lui dit : « Prends pour salaire la moitié de tout
ce que tu as rapporté et va en paix ! »

6 Alors Raphaël les prit tous les deux à part et leur dit :
« Bénissez Dieu et célébrez-le devant tous les vivants pour
ce qu'il a fait pour vous ! Il est bon de bénir et de chanter
son Nom. Faites connaître à tous les hommes les actions
de Dieu comme elles le méritent. Ne soyez pas lents à le
célébrer. 7 Il est bon de tenir caché le secret du roi, mais
les œuvres de Dieu, il faut les célébrer et les révéler.
Célébrez-les comme elles le méritent.

Faites le bien, et le mal ne vous atteindra pas. 8 Mieux
vaut la prière avec la vérité et l'aumône avec la justice que
la richesse avec l'injustice. Mieux vaut faire l'aumône que
d'amasser de l'or. 9 L'aumône délivre de la mort et elle
purifie de tout péché. Ceux qui font l'aumône seront
rassasiés de vie ; 10 ceux qui font le péché et l'injustice sont
ennemis d'eux-mêmes.

11 À présent, je vais vous apprendre toute la vérité, sans
rien vous cacher. Je viens de vous apprendre ceci : “Il est
bon de cacher le secret du roi et de révéler avec éclat les
œuvres de Dieu.” 12 Eh bien ! lorsque tu as prié, ainsi que
Sara, c'est moi qui ai présenté le mémorial de votre prière
en présence de la gloire du Seigneur, et de même lorsque
tu enterrais les morts. 13 Quand tu n'as pas hésité à te lever
et à laisser ton dîner pour aller ensevelir le mort, c'est

alors que j'ai été envoyé vers toi pour te mettre à
l'épreuve. 14 Mais dans le même temps Dieu m'a envoyé
pour te guérir, ainsi que ta belle-fille Sara. 15 Je suis
Raphaël, l'un des sept anges qui se tiennent devant la
gloire du Seigneur et pénètrent en sa présence.
16 Tous deux furent bouleversés, ils tombèrent face
contre terre et furent saisis de crainte. 17 Mais il leur dit :
« Ne craignez rien ! La paix soit avec vous ! Bénissez Dieu
à tout jamais ! 18 Quand j'étais avec vous, ce n'était pas par
un effet de ma bienveillance que j'étais avec vous, mais par
la volonté de Dieu. C'est lui que vous devez bénir tout au
long des jours, c'est lui que vous devez chanter. 19 Vous
voyez maintenant que je ne mangeais rien, mais que vous
aviez une vision. 20 Bénissez donc le Seigneur sur cette
terre et célébrez Dieu. Voici que je remonte vers celui qui
m'a envoyé. Mettez par écrit tout ce qui vous est arrivé. »
Et il s'éleva. 21 Ils se redressèrent, mais ils ne pouvaient
plus le voir. 22 Ils bénissaient et chantaient Dieu, et le
célébraient pour toutes les grandes œuvres qu'il avait
faites là : un ange de Dieu leur était apparu !

Cantique de Tobit.

13 1 Et Tobit dit :
2 « Béni soit à jamais le Dieu vivant !
Béni soit son règne !
C'est lui qui châtie et qui prend en pitié.
Il fait descendre jusqu'au séjour des morts,
dans les profondeurs de la terre,
puis il fait remonter de la grande perdition.
Il n'y a rien qui échappe à sa main.
3 Célébrez-le, fils d'Israël, face aux nations,
parmi lesquelles il vous a dispersés ;
4 là, il vous a fait voir sa grandeur.
Exaltez-le face à tous les vivants,
car il est notre Seigneur, notre Dieu, notre Père,

il est Dieu dans tous les siècles.
5 Il vous châtie à cause de vos iniquités,
mais il vous prendra tous en pitié
en vous tirant de toutes les nations
où vous avez été dispersés.
6 Le jour où vous reviendrez à lui,
de tout votre cœur et de tout votre être,
pour faire la vérité devant lui,
alors il reviendra à vous et ne vous cachera plus sa face.
7 Et maintenant considérez ce qu'il a fait pour vous
et célébrez-le à pleine voix.
Bénissez le Seigneur de justice
et exaltez le Roi des siècles.
8 Pour moi, je le célèbre sur la terre où je suis déporté.
Je montre sa force et sa grandeur à une nation pécheresse.
Revenez, pécheurs, pratiquez la justice devant lui :
qui sait ? peut-être vous sera-t-il favorable
et vous fera-t-il miséricorde ?
9 J'exalte mon Dieu
et j'exulte de joie dans le Roi du ciel.
10 Que tous proclament sa grandeur
et le célèbrent dans Jérusalem !

Jérusalem, ville sainte,
Dieu te châtie à cause des œuvres de tes fils,
mais de nouveau il prendra pitié des fils des justes.
11 Célèbre le Seigneur avec éclat
et bénis le Roi des siècles
pour que sa Tente soit reconstruite en toi dans la joie.
12 Qu'il réjouisse en toi tous les déportés
qu'il aime en toi tous les malheureux
pour toutes les générations à venir.
13 Une vive lumière brillera jusqu'aux confins de la terre.
Des nations lointaines en grand nombre
et des habitants de toutes les extrémités de la terre
viendront vers ton saint Nom,

les mains pleines d'offrandes pour le Roi du ciel.
Des générations de générations te donneront de l'allégresse
et le nom de l'Élue restera pour les générations à venir.
14 Maudits soient tous ceux qui te parleront durement !
Maudits soient tous ceux qui te détruiront et renverseront tes murs,
tous ceux qui abattront tes tours et brûleront tes maisons !
Mais bénis soient à jamais tous ceux qui te craindront !
15 Va, exulte à cause des fils des justes,
car ils seront tous rassemblés et ils béniront le Seigneur des siècles.
Heureux ceux qui t'aiment !
Heureux ceux qui se réjouiront de ta paix !
16 Heureux tous ceux qui s'affligeront sur toi,
à cause de tous tes châtiments !
car en toi ils se réjouiront et ils verront
toute ta joie à jamais.
Oui, je bénis le Seigneur, le grand Roi,
17 parce qu'on reconstruira Jérusalem
et, dans la ville, sa Maison pour tous les siècles.
Heureux serai-je, si le reste de ma race
voit ta gloire et célèbre le Roi du ciel.
Les portes de Jérusalem seront bâties en saphir et en émeraude ;
en pierres précieuses seront tous tes murs.
Les tours de Jérusalem seront bâties en or
et leurs défenses en or pur.
Les rues de Jérusalem seront pavées d'escarboucles et de pierres d'Ofir.
18 Les portes de Jérusalem chanteront des hymnes d'allégresse
et toutes ses maisons chanteront :
“Alléluia ! béni soit le Dieu d'Israël !”
Et les élus béniront le Saint Nom à tout jamais. »

14 1 Ainsi s'achevèrent les paroles d'action de
grâces de Tobit.

Mort de Tobit.

2 Tobit mourut en paix à l'âge de cent douze ans et il fut
enterré avec magnificence à Ninive. Il avait soixante-deux
ans quand il perdit la vue ; après l'avoir recouvrée, il vécut
dans l'abondance et fit l'aumône, en continuant toujours
de bénir Dieu et de célébrer sa grandeur.
3 Sur le point de mourir, il appela son fils Tobias et lui
donna les instructions que voici : « Mon enfant, emmène
tes enfants, 4 pars vite en Médie ; car je crois à la parole
de Dieu proférée par Nahoum contre Ninive : tout se
réalisera et s'abattra sur Assour et Ninive ; tout ce qu'ont
dit les prophètes d'Israël, que Dieu a envoyés, tout cela
arrivera. Rien ne sera retranché de toutes leurs paroles,
toutes se produiront en leur temps. En Médie, on sera
plus en sécurité qu'en Assyrie et à Babylone. Car je sais
et je crois que tout ce que Dieu a dit s'accomplira et se
réalisera : il ne tombera pas une parole des prophéties.
Nos frères qui habitent en terre d'Israël seront tous
recensés et déportés loin de cette terre heureuse. Toute la
terre d'Israël sera déserte, Samarie et Jérusalem seront
désertes et la Maison de Dieu sera désolée et brûlée pour
un temps. 5 Mais de nouveau Dieu les prendra en pitié et
les fera revenir sur la terre d'Israël. De nouveau ils
construiront sa Maison, mais pas comme la première,
jusqu'au moment où s'accompliront les temps fixés. Après
cela, ils reviendront tous de leur déportation et ils recons-
truiront magnifiquement Jérusalem. La Maison de Dieu y
sera reconstruite selon ce qu'ont dit d'elle les prophètes
d'Israël. 6 Tous, dans toutes les nations de la terre entière,
reviendront et craindront Dieu en toute vérité. Tous
abandonneront leurs idoles trompeuses qui les faisaient
s'égarer dans leur erreur et ils béniront le Dieu des siècles

dans la justice. [7]Tous les fils d'Israël qui seront sauvés en ces jours-là, pour s'être souvenus de Dieu en vérité, se rassembleront et viendront à Jésuralem. Ils habiteront pour toujours en sûreté sur la terre d'Abraham, qui leur sera donnée. Ceux qui aiment Dieu en vérité seront dans la joie, mais ceux qui commettent le péché et l'iniquité disparaîtront de la terre.

[8-9]Et maintenant, mes enfants, voici mes instructions : servez Dieu en vérité et faites ce qui lui est agréable. Qu'il soit ordonné à vos enfants de pratiquer la justice et l'aumône, de se souvenir de Dieu et de bénir son Nom en toute occasion, en vérité et de toute leur force. Quant à toi, mon enfant, quitte Ninive, ne reste pas ici. Lorsque tu auras enterré ta mère auprès de moi, ne passe pas une nuit de plus sur le territoire de cette ville. Car je le vois, il y a en elle beaucoup d'iniquité et il s'y commet mainte perfidie, sans que personne n'ait honte. [10]Vois, mon enfant, tout ce que Nadan a fait à son père adoptif Ahikar : ne l'a-t-il pas fait descendre vivant, au cœur de la terre ? Mais Dieu a rendu l'infamie sous les yeux de la victime : Ahikar est ressorti à la lumière tandis que Nadan est entré dans les ténèbres éternelles, car il avait cherché à tuer Ahikar. Parce qu'il avait fait l'aumône, Ahikar est sorti du piège mortel que lui avait tendu Nadan, mais Nadan est tombé dans le filet mortel qui a causé sa perte. [11]Ainsi donc, mes enfants, voyez ce que produit l'aumône et ce que produit l'iniquité – celle-ci produit la mort. Mais voici que la vie m'abandonne. » Ils le mirent sur son lit, et il mourut. Et il fut enterré avec magnificence.

Épilogue.

[12]Quand sa mère mourut. Tobias l'enterra avec son père. Puis il partit avec sa femme en Médie et il habita à Ecbatane auprès de son beau-père Ragouël. [13]Il entoura d'égards ses beaux-parents dans leur vieillesse. Il les

enterra à Ecbatane de Médie, puis il hérita du patrimoine de Ragouël, comme de celui de son père Tobit. [14] Il mourut considéré à l'âge de cent dix-sept ans. [15] Il apprit avant de mourir la ruine de Ninive et il vit arriver en Médie les Ninivites déportés par Cyaxare, roi de Médie. Il bénit Dieu pour tout ce qu'il avait fait aux gens de Ninive et d'Assour. Il se réjouit avant de mourir du sort de Ninive, et il bénit le Seigneur Dieu pour les siècles des siècles. Amen.

Avant-propos

« Mais la Bible n'est pas un livre de contes de fées ! » Telle est l'objection à laquelle on se heurte constamment lorsque l'on essaie d'interpréter les textes de l'Ancien et du Nouveau Testament à la lumière de la psychologie des profondeurs. Ce serait pourtant un grand pas si nous étions capables de lire la Bible comme on sait lire et comprendre aujourd'hui, à l'aide de la psychologie des profondeurs, les rêves éternels de l'humanité, principalement les mythes et les contes populaires.

La forme d'exégèse qui prédomine aujourd'hui donne une telle importance à la question de la réalité historique sous-jacente aux textes que l'on en a presque oublié celle de la réalité intérieure propre aux textes. Or la méthode de la critique historique appliquée à la Bible a précisément dû constater au fil des textes le caractère non historique des divers récits de la Bible. Pourtant, au lieu de classifier et de « démasquer » certains récits sous les noms de mythes, contes, fables, légendes, etc., il serait bien plus important de dénicher les vérités qui ne peuvent être dites que de cette manière, au moyen de récits non historiques, parce qu'elles ne sont pas valables uniquement pour une période historique donnée, mais en tout temps et en tout lieu. Mais pour cela, il est indispensable de changer complètement sa façon de voir la vie, à la manière de ce que tente de faire la psychologie des profondeurs dans le traitement des névroses: ce n'est pas la réalité des faits, celle que la raison appréhende, qu'il faut considérer comme l'essentiel ; au contraire, toute l'attention doit être concentrée sur les forces agissantes et les facteurs intérieurs, inconscients, dans les couches profondes de la *psyché* humaine.

Les personnages du livre de Tobit ont-ils réellement existé ? D'un point de vue historique, certainement pas ; mais du point de vue de la psychologie des profondeurs, ils vivent en tout homme, et c'est ce niveau de réalité que l'on doit comprendre pour accéder au lieu où Dieu est proche de l'homme. On apprendra alors beaucoup sur l'impuissance de la peur et la toute-puissance de l'amour, sur l'abîme sans fond de la solitude et le sol ferme de la communauté, sur le désespoir humain et la maturation progressive. Mais ce que l'on apprendra surtout, c'est que Dieu nous protège et nous accompagne sur tous nos chemins ; cela fera germer la certitude la plus importante du livre de Tobit : c'est qu'il n'existe aucune contradiction entre le salut et la guérison *, entre la théologie et la psychologie, entre la quête de Dieu et l'aspiration à rencontrer au moins une personne dont la présence éclaire et élargisse notre vie.

Cette humanité de la foi s'exprime également dans le fait que le livre de Tobit a le courage de faire une chose largement réprimée dans l'Ancien Testament : il n'hésite pas à utiliser le langage des contes et des rêves pour parler de Dieu d'une manière pertinente. Ce petit livre n'a été repris ni dans l'édition juive de la Bible, ni dans l'édition protestante ; seule l'Église catholique le considère comme un écrit « canonique », inspiré par le Saint-Esprit. Cependant, on ne peut faire l'expérience de Dieu de manière plus spiritualisée ni plus spirituelle qu'en écoutant le langage que Dieu a déposé dans le cœur de tout homme : le langage des rêves, de la littérature et de la poésie.

* En allemand, « salut » *(Heil)* et « guérison » *(Heilung)* ont la même racine (NdT).

La Bible n'est pas un livre de « contes de fées » ? C'est pourtant un livre qui nous apprend à voir la vie humaine avec les yeux de Dieu comme un conte merveilleux, peuplé d'anges et de démons, rempli de maux et de miracles, de frayeurs et de mystères : une exhortation à vivre, malgré tous les dangers, et une invitation à se garder d'une piété figée pour avoir perdu son âme et aveugle pour avoir perdu ses rêves. Le livre de Tobit restera un livre indispensable tant que durera le conflit qui traverse toutes les religions: le conflit entre institution et intuition, entre rigidité et vérité, entre ceux qui veulent toujours avoir le droit pour eux et ceux qui sont dans le droit chemin, c'est-à-dire entre le Dieu du droit et le Dieu de l'amour. Né en Israël voilà plus de deux mille ans, le livre de Tobit est resté au cœur du christianisme ce qu'il a toujours été : un livre inactuel à toutes les époques, et actuel dans tous les moments de crise aiguë de la foi.

DIEU GUÉRISSEUR

Une méditation psychanalytique

Préambule

Le livre de Tobit est une légende [1] et ne *peut* être autre chose qu'une légende. Car la vérité qu'il souhaite transmettre au lecteur ne peut être exprimée qu'au moyen de cette forme de récit mouvante et proche du conte. Il évoque des dangers singuliers, que l'on ne peut percevoir au moyen de l'entendement dans l'univers qui nous est familier, celui de l'espace et du temps, et qui, cependant, existent bel et bien ; des dangers d'une inquiétante étrangeté, surprenants, absurdes, telle une secrète malédiction devant Dieu et devant tous les hommes. Pour pénétrer jusque dans ces domaines reculés de notre vie, il faut un langage abyssal, qui dépasse les limites de la réalité extérieure coutumière pour se tourner vers l'intérieur, vers les couches de notre âme qui abritent ces dangers fondamentaux de notre existence. Car c'est là que sommeillent également les moyens à travers lesquels l'homme peut retrouver une existence saine. Dans ces zones profondes, on ne peut rien ordonner ni rien expliquer. En effet, toute explication ne se référerait qu'à l'entendement ; tout ordre ferait intervenir la volonté ; et l'un et l'autre sont inopérants dans les crises de l'existence, qu'il est précisément impossible de surmonter par l'entendement et la bonne volonté, l'excès de raison et de bonne volonté pouvant même provoquer ces crises. Parce que le livre de Tobit parle des dangers et des déchirements qui surviennent lorsque nous voudrions vivre *uniquement* dans le bien et la piété, il doit nous parler au moyen d'images qui, en soi, ne prescrivent pas une solution, mais sont capables d'indiquer une direction, qui ne donnent pas d'ordre, mais proposent d'elles-mêmes – ou presque – le salut en parlant au cœur et en l'aidant à trouver sa propre vérité. Ce que le livre de Tobit veut nous dire ne peut être dit que sous la forme d'une légende [2].

Portrait d'un homme pieux avancé en âge

Au premier abord, l'histoire de « Tobit » est la description d'une terrible tragédie. Elle oppose de façon si marquée des extrêmes de l'existence humaine et montre un homme à la personnalité si contradictoire que l'on ne peut s'empêcher de désespérer que les conflits dépeints trouvent jamais une issue. Certes, c'est précisément de ces oppositions que naissent l'extraordinaire tension psychologique et le grand attrait esthétique du livre de Tobit. Mais quelle vie humaine peut donc supporter d'être tendue comme une corde de violon pour que l'on en fasse sortir les sons les plus aigus et les plus purs [1] ?

Vivre dans la contradiction : le prix à payer.

La vie de Tobit n'est qu'un seul et immense effort. On apprend accessoirement (Tb 1, 8) que Tobit a grandi seul car il était orphelin. Toutefois, on ne lit pas un seul mot sur tous les moments de souffrance psychologique, de solitude et de sentiment d'abandon qu'un tel destin suppose [2]. Le développement psychique de Tobit disparaît tout entier derrière la solitude spirituelle et religieuse qu'il a connue toute sa vie. Dans le récit, sa vie personnelle apparaît insignifiante par rapport à la seule chose qui compte : qu'il ait été le seul, à l'encontre de sa propre tribu, à respecter les commandements du « Très-Haut » et à suivre « les chemins de la vérité et [pratiquer] les bonnes œuvres » (Tb 1, 3). Par son destin, Tobit incarne l'idéal du « juste », du saint juif ; et c'est pourquoi, dans sa propre subjectivité, toute la sphère privée, personnelle, est reléguée au second plan derrière le conflit religieux. Sans doute Tobit a-t-il appris depuis toujours à renoncer à lui-même, à ses désirs et ses intérêts personnels. Toute sa vie doit s'être écoulée sous la forme d'une lutte ininterrompue contre toutes les personnes de son entourage. Entièrement livré à lui-même, lui seul a respecté la vérité de Jérusalem, les commandements de la Loi, les enseignements de l'Écriture. Nous apprenons que ses proches se sont détournés des convictions d'Israël et qu'ils se sont soumis, par peur, aux ordres des Assyriens. Seul Tobit a eu le courage de s'engager en faveur de son Dieu et de ses convictions. Imperturbable, endurci, d'un caractère ferme et inflexible, il n'a redouté ni les difficultés ni la solitude lorsqu'il s'est agi de confesser sa foi et de lui rester fidèle. À ses yeux, rien n'était plus important que d'accomplir consciencieusement ce qui est écrit dans la Loi d'Israël. Seul et angoissé, confiant en Dieu et droit, il incarne la nature véritable, réelle, de tout le peuple d'Israël [3]. Ainsi, son destin nous aide à comprendre en partie la grandeur et la fierté de tout le peuple d'Israël. Mais, en même temps, il nous montre la menace qui pèse constamment sur Israël et nous apprend – fait tellement inquiétant et incontrôlable que l'on peut assurément accorder foi au livre de Tobit – que seul un ange de Dieu peut délivrer de ce danger.

Quel peut être le caractère d'un homme qui doit constamment vivre en désaccord avec tout son entourage, qui est sans cesse dominé par le sentiment d'être seul contre tous les autres, qui est parfaitement convaincu d'être lui-même dans le droit, mais considère pour cette même raison que tout l'univers autour de lui est dans son tort d'une manière consciente, donc coupable. Nul ne peut supporter une telle vie sans ressentir au moins de temps à autre une pointe de mépris à l'égard d'autrui ni avoir une certaine attitude de reproche envers son entourage. Même inscrite en filigrane, une certaine autosatisfaction est indéniablement présente dans le récit, lorsque Tobit constate avec amertume que toute la tribu de Nephtali s'est détachée de la maison de Jérusalem, alors que c'était « la ville choisie parmi toutes les tribus d'Israël pour leur servir de lieu de sacrifice » (Tb 1, 4). Au contraire, c'était lui, Tobit, qui se trouvait tout seul pour aller à Jérusalem au moment des fêtes, selon le décret perpétuel d'Israël (Tb 1, 6). Est-il manière plus claire d'affirmer que tous ceux d'Israël, en fait, auraient dû être et agir comme Tobit, qu'il doit être considéré comme le modèle du peuple tout entier ? Et maintenant, supposons que Tobit ait lui-même incliné à se percevoir ainsi: était-il possible d'éviter qu'à son action juste ne se mêlât une certaine part de démonstration, une manifestation ostentatoire de son comportement juste ? La fierté d'Israël était en effet tout entière fondée sur la conscience d'être placé par Dieu au-dessus des peuples, comme signe. On *devait* lever les yeux vers Israël ; on devait apprendre de lui ce que signifie vivre en tant qu'homme. Israël se concevait comme une solution visible et une correction possible à l'inhumanité et à l'idolâtrie craintive de tous les autres peuples. Et parmi tout Israël, c'est Tobit qui, selon notre récit, était le seul à vivre la foi et l'élection d'Israël. Il portait l'engagement de l'éternellement juste ; c'est à lui que revenait la gloire d'être un homme juste devant Dieu. Mais cela exigeait, jour après jour, qu'il serrât les dents et qu'il tînt tête à tous les autres.

Peut-on concevoir que Tobit n'ait pas, tout au moins par son attitude, sinon dans ses paroles, accusé les autres d'avoir trahi leur foi en Dieu par lâcheté, par facilité, pour satisfaire un besoin d'adaptation révélant une faiblesse de caractère ? Peut-on concevoir qu'il ne leur ait pas reproché de ne *pas* prendre exemple sur lui et qu'il n'ait pas été poussé, à mesure que ses reproches restaient vains, à une attitude de droiture toujours plus aigrie et de rigidité toujours plus accusatrice ? De nombreux psaumes et textes prophétiques témoignent du ressentiment et du désir de vengeance que les hommes pieux d'Israël n'ont pu s'empêcher d'éprouver lorsque leur volonté de défendre sans compromis le droit et la tradition des Pères ne rencontrait que la raillerie acide et le refus tranché [4]. Dans l'histoire de Tobit, nous ne voyons aucune trace de sentiments semblables ; mais cela ne signifie pas pour autant que Tobit ne les ait point éprouvés. Cela montre plutôt qu'il parvenait à dominer en lui ces mouvements de haine et de mépris envers les hommes, et qu'en tout cas, il n'en laissait rien paraître. Mais quelle part cela suppose-t-il de travail intérieur et de lutte secrète contre soi-même ?

L'ensevelissement des morts – la vie à la mort.

La vie de Tobit consistait toute en cette lutte, dirigée non seulement contre les autres, mais avant tout contre lui-même. Chaque instant réclamait de lui un nouvel effort et un nouveau travail. Selon le portrait que donne le livre de Tobit, Tobit avait pour préoccupation incessante d'ensevelir *les morts* gisant dans les rues. Étant donné la situation psychique dans laquelle se trouvait Tobit, il convient de se demander si le motif de l'ensevelissement des morts n'a pas une signification plus profonde que la simple conséquence de faits extérieurs et de prescriptions pieuses. Certes, la prescription de ne pas laisser les corps des défunts sans sépulture était en vigueur en Israël. Chacun connaissait l'histoire du commencement du temps des rois, lorsque David, pour apaiser la colère de Dieu lors d'une sécheresse, avait livré aux Gabaonites des descendants de Saül en raison d'un meurtre commis par leur maison. Les Gabaonites avaient tué les coupables sur une montagne sacrée et y avaient laissé leurs cadavres. Cependant, la sécheresse persistait. On rapporte qu'alors,

Riçpa, fille d'Ayya et mère de deux des défunts, étendit un sac sur le rocher et empêcha les oiseaux du ciel de se poser sur eux durant le jour ; de même pour les bêtes sauvages durant la nuit. David en fut informé, et non seulement il fit ensevelir les ossements des suppliciés, mais il fit aussi transporter les ossements de Saül et de Jonathan dans la tombe de la tribu. C'est seulement alors que la sécheresse prit fin (2 S 21). « Ce n'est pas par la vengeance des Gabaonites, mais par l'action de Riçpa, qui est restée auprès des dépouilles, et par la réconciliation qu'elle a provoquée entre la maison de Saül et celle de David que Dieu peut se laisser réconcilier [5]. » Telle était la sagesse de Riçpa, l'Antigone israëlite. Israël n'a jamais complètement oublié que la terre dépérit et que la vie se dessèche lorsque disparaît le respect des morts. Mais Tobit a vécu dans un temps d'exil. On avait perdu son propre sol, on n'avait plus aucune parcelle de terre où l'on aurait pu ensevelir les morts ; et les terres étrangères passaient pour impies [6]. Privé de ses racines, on ne voyait plus de raison de rester fidèle aux lois divines. Dans la mesure où il ensevelit en terre étrangère les morts de son peuple, Tobit témoigne que l'on peut rester fidèle en Dieu à sa propre nature, en dépit d'un monde extérieur hostile. Ce qui est déterminant dans la vie de Tobit, ce n'est pas le monde alentour, mais ce que l'on est soi-même devant Dieu. De ce fait, le service funèbre de Tobit est plus que tout autre acte un témoignage vital. Renier ses propres morts, ainsi que le réclamaient les autorités assyriennes en menaçant de mort, ce serait anéantir son être le plus profond et livrer à la mort sa propre identité. L'ensevelissement des défunts en terre étrangère permet au moins de conserver le souvenir de sa patrie et de ses origines et d'entretenir les espoirs de retour.

Cependant, cette fidélité à son être propre en opposition avec le monde environnant ne semble pas s'être établie en Tobit sans blessure intérieure. Même si l'ensevelissement des morts constituait un noble devoir commandé par la loi et un signe particulier de piété, la proximité constante de Tobit avec les morts, son courageux service d'inhumation sans cesse rappelé restent un fait étrange, comme si Tobit était singulièrement attiré par ce qui est mort, comme s'il y avait en lui-même quelque chose qui lui fasse vraiment rechercher la présence des morts. Certes, on peut expliquer la fréquence des services funèbres de Tobit par le fait qu'il soit précisément le seul à se préoccuper de ses compatriotes défunts ; mais sa droiture et sa piété se confondent de plus en plus avec le rappel insistant de ce service. Parmi toutes ses « aumônes » (Tb 1, 16 s.), seule celle-là lui vaut d'être dénoncé et persécuté. C'est seulement pour avoir enseveli ses frères juifs défunts qu'il se trouve en danger de mort et doit s'enfuir (Tb 1, 19). Aucun doute : de toutes les prescriptions de la Loi, c'est l'enterrement des morts qui tient le plus à cœur à Tobit. Et l'on est en droit de supposer qu'en plus de la piété, un motif particulier, intime, le dispose à cette forme particulière de fidélité à la Loi.

La destruction de la joie.

Il se peut en effet que Tobit ressente des affinités très fortes précisément avec les morts d'Israël. Ne vit-il pas lui-même au milieu de ses « frères » en ayant l'apparence d'un mort ? N'est-il pas le seul à refuser de se plier au caractère apparemment inéluctable de la déportation ? Tout au moins est-il en pays étranger tel un arbre dans la steppe [7], triste et incapable de prendre racine au pays des ennemis de son Dieu et de son peuple. Et ce n'est pas seulement extérieurement qu'il est contraint d'errer dans une sorte de pays des morts ; intérieurement aussi, cette lutte interminable doit l'avoir conduit aux frontières de la mort. Tobit, le seul à ne pas renier l'essence véritable de son peuple, doit en conséquence faire des sacrifices qui usent sa vie, intérieurement et extérieurement. Ainsi, il est probable qu'il retrouve une partie de lui-même dans les morts gisant sur les places des Assyriens. En enterrant ses frères qui ont été tués, Tobit doit avoir confié à Dieu toute la part d'humanité qui a dû être tuée en lui-même pour la confession de sa fidélité, afin de la lui rendre comme un fardeau plus lourd de jour en jour. Toutes les heures de gaieté insouciante que l'on n'a pas vécues, tous les désirs non avoués de présence humaine et de relation d'appartenance, l'aspiration usante à une fin prochaine de la lutte, la rage contenue et la colère accumulée contre les traîtres dans son propre peuple : tous ces sentiments devaient être rentrés et tués jour après jour. Que l'on se représente que la vie affective de Tobit se dessèche, se rétrécit au point que finalement, seuls sa volonté inflexible et son intellect limpide, capable de raisonner logiquement, le conservent en vie. Mais ne vivre plus que par l'intellect et la volonté, n'est-ce pas être déjà mort, en quelque sorte ? Et cela *est* véritablement un sacrifice que Tobit doit accomplir à cause de sa fidélité à la foi et qu'Israël tout entier a dû sans cesse accomplir tout au long de son histoire si lourde de persécutions, de déportations et d'humiliations. Jamais il n'a pu comme les autres peuples coexister et cohabiter avec les autres de manière à trouver l'occasion de développer ses dispositions à la douceur et à la bonté. Tout ce qui lui restait pour survivre, c'étaient la volonté de respecter la Loi et la décision intellectuelle de l'interpréter. C'est ainsi que le caractère de Tobit – et celui d'Israël – a été taillé dans le « oui » à Dieu au milieu du « non » des peuples, telle une statue taillée dans un bloc de marbre. Et c'est précisément ce qui fait sa grandeur qui le menace le plus dangereusement d'un point de vue humain.

En termes psychologiques, il est menacé de perdre son âme, son *anima*[8]. Tobit s'expose par mégarde à ce danger, le pire car le plus intérieur des dangers, alors que son destin semble extérieurement évoluer de façon heureuse pour un temps. C'est au moment où un changement de pouvoir sur le trône du royaume d'Assyrie, provoqué par un parricide (Tb 1, 21), lui permet à lui, le banni, de retourner à Ninive dans le cercle de sa famille grâce à l'intercession de son neveu. Il peut retrouver sa femme Anna, qui l'a soutenu pendant toutes ces années, et son fils Tobias. À l'époque de son retour, on fête justement la Pentecôte, que Tobit aimerait célébrer cette fois en grande pompe. Il semble qu'à présent au moins sa vie va pouvoir connaître la joie et le bonheur. Tobit s'est déjà attablé pour dîner, on a déjà servi les mets les plus fins, lorsque, selon son habitude, il se souvient des pauvres et envoie son fils Tobias inviter au repas celui qu'il trouvera. Cependant, Tobias revient en disant : « Il y a quelqu'un de notre nation qui a été assassiné, on l'a jeté sur la grand-place, [...] étranglé » (Tb 2, 3). Tobit ne touche pas à son dîner, mais il s'empresse aussitôt d'aller dissimuler le mort. La fête est terminée pour lui avant même d'avoir commencé. Le contact avec le mort inconnu l'a rendu impur ; la tristesse s'empare de lui alors qu'il revient de l'endroit où il a caché le mort. Tout en mangeant son pain dans le deuil, il se souvient des paroles du prophète Amos : « Vos fêtes tourneront en deuil et tous vos chemins en lamentation » (Am 8, 10 ; Tb 2, 6). Pour Tobit, ces paroles viennent confirmer définitivement que Dieu va lui prendre jusqu'à la dernière joie, que son destin doit être de vivoter dans la tristesse et que l'acceptation de ce destin ravagé de chagrin, sans joie, sera précisément la condition indispensable de sa fidélité à Dieu.

Selon le récit, Tobit consent même à sacrifier la joie que lui donnait sa foi. Le soir, quand le soleil est couché, il part vers la cachette et ensevelit le mort. C'est la première fois depuis son retour à Ninive qu'il enterre un mort. Tous les voisins qui assistent à la scène se moquent de lui en disant qu'il risque sa vie et semble être incorrigible (Tb 2, 8). Ils ne comprennent rien ni ne veulent rien comprendre. Ils se demandent simplement si telle personne a peur des Assyriens ou non ; et si quelqu'un n'a pas peur des

Assyriens si puissants, c'est qu'il doit avoir perdu la tête. Qu'il puisse exister des réalités, des valeurs, des expériences capables de se révéler plus fortes que la peur des Assyriens reste totalement étranger à leur façon de voir. Et c'est précisément cela qui doit avoir fait de Tobit un étranger au milieu de son peuple. L'expérience la plus amère pour lui a dû consister en ceci : ne plus être compris par ses propres compatriotes et coreligionnaires pour ce que réclament, même à un niveau élémentaire, la religion, la vérité et la conviction intime. Si les paroles du prophète Amos n'avaient pas déjà été citées, on ne pourrait s'empêcher de songer à cette lamentation de Jérémie : « Je ne vais pas chercher ma joie en fréquentant ceux qui s'amusent. Contraint par ta main je reste à l'écart, car tu m'as rempli d'indignation » (Jr 15, 17).

Par la suite, l'amertume et la solitude semblent continuer d'être le lot de Tobit. Et il est singulier qu'à aucun moment il ne prononce une seule parole pour expliquer aux autres son comportement ; il ne fait aucune tentative pour se justifier à leurs yeux. La distance qui le sépare d'eux semble être tout simplement trop grande pour être comblée par des mots. Alors qu'il se réfère souvent pour lui-même à la Loi, il se tait devant les autres. Ses actions, semble-t-il penser, devraient suffire par elles-mêmes à expliquer comment il convient d'agir ; si ces actions sont mal interprétées, toute explication devient vaine. De retour à Ninive, Tobit est plus seul que jamais.

Dans cette nuit-là, nous dit le récit, Tobit, rendu impur au contact du mort, s'allongea contre le mur de la cour, solitaire et fatigué. La nuit était chaude, et le soleil venait de se coucher. Tobit avait découvert son visage ; quelques oiseaux cherchaient encore leur nid ; c'est alors que la fiente de moineaux tomba dans les yeux de Tobit, et nul médecin ne put empêcher qu'ils ne deviennent aveugles. Il n'est point besoin d'une grande perspicacité pour aller au-delà du rapport ophtalmologique de la cécité incurable de Tobit, et pour comprendre cette cécité comme l'expression symbolique d'un mal intérieur plus profond [9]. Sa vie durant, Tobit a dû tenir tête à tout le monde ; parvenu au bord d'un abîme insondable de tristesse, désormais il ne peut plus du tout voir le monde. C'est littéralement l'impureté du monde tout entier, les déjections de son être qui finissent même par fermer les yeux à un Tobit. Enfin, il n'est plus obligé de voir ce qui lui est insupportable. Il peut, sans commettre de nouvelle faute, éviter de voir ce qui ne cesse de le tourmenter. Dans les rêves, les contes et les mythes, les oiseaux sont souvent le symbole d'entités spirituelles volant très haut et très vite au-dessus de nous [10]. Si l'on reprend cette signification symbolique, les pensées, les idéaux religieux de Tobit seraient précisément la cause de sa cécité. Ce serait à cause d'eux que le monde « semble à ses yeux » un tas de fumier, de sorte qu'il ne veut ni ne peut plus continuer à le voir. Sa cécité serait alors une dernière protestation, quasi impuissante, contre un entourage dont le comportement ne peut plus être changé, mais qu'il refuse de voir plus longtemps. On objectera peut-être à cette interprétation qu'elle conçoit de manière trop arbitraire des souffrances corporelles comme des maux « intérieurs ». Mais si les maux de Tobit ne concernaient véritablement que les yeux, pourquoi était-il besoin d'un ange pour l'en guérir, ainsi que l'affirme le livre de Tobit ? Un ange n'apparaît qu'à l'œil spirituel, c'est donc ce dernier qui est malade. La souffrance extérieure n'est qu'une métaphore.

La perte de l'âme et l'échec de la piété.

Et pourtant, Tobit n'est pas encore au bout de son chemin de croix. On peut encore imaginer pire souffrance. Il est déjà fâcheux qu'il ne puisse plus voir le monde ; mais ce serait pis s'il en arrivait à se mépriser lui-même. Et c'est ce qui se produit. Il n'est pas possible de faire disparaître le monde tout entier, de l'éliminer d'une façon quasi magique sans que sa propre existence se retrouve aussitôt dans l'impasse de l'autodestruction. Bien que la cécité de Tobit soit humainement compréhensible et qu'elle apparaisse dans le récit comme imméritée, il n'en reste pas moins qu'elle conduit Tobit au bord de l'abîme. Le sentiment qui s'exprime à travers sa cécité est pour la première fois absolu et total: pour lui, le monde tout entier est définitivement devenu un rebut. Toutes les expériences passées ont conduit Tobit à cet avis et ne peuvent que le conforter dans son opinion. Pourtant, jusqu'à ce soir-là, ces nombreuses expériences ne l'avaient jamais marqué au point qu'il osât en tirer un jugement définitif. Mais c'est ce qui se produit à présent. Depuis ce soir-là, la vision du monde de Tobit s'est totalement « assombrie » et obscurcie ; à présent, une fange boueuse lui cache littéralement le monde ; il est désormais incapable de se le représenter différemment. Les déjections ont rongé sa vue ; inversement, Tobit est maintenant prêt à s'imaginer *a priori* qu'autour de lui, seul ce qui est mauvais, écœurant, nauséabond sera visible, c'est-à-dire uniquement ce que ses yeux ont dû voir pendant tout ce temps : l'infidélité et la trahison, la déloyauté fondée sur la peur, l'impiété sous toutes ses formes, l'illusion du bonheur et la superficialité, de tous côtés une vie végétative irréfléchie, l'incapacité de souffrir ne serait-ce que de son propre déracinement et de sa propre inconsistance, l'intention pure et simple de déformer bassement le sens de tout acte religieux et de s'en moquer en vivant soi-même comme le font les bêtes. Sa vie durant, Tobit a trouvé cela exécrable et vulgaire. Mais jamais auparavant, il n'avait été prêt à supposer *a priori* qu'il ne pourrait *jamais* en être autrement. Tous ses efforts étaient implicitement animés par l'espoir, pourrait-on dire, de gagner les autres par sa conduite : peut-être que tel ou tel, ou même beaucoup d'entre eux retrouveraient un jour la vérité et rejoindraient ainsi Tobit sur son chemin solitaire. À présent, ce secret espoir est mort ; le voici maintenant, les yeux enténébrés, incapable de percevoir encore quoi que ce soit de positif. Cependant, même ce désespoir, cette absence d'issue n'empêche pas de continuer à penser que l'on est au moins en accord avec Dieu et avec soi-même.

Mais cette dernière consolation dans la vie de Tobit va elle aussi être bientôt détruite. La vision du monde totalement assombrie du pieux Tobit, désormais sans nuances, aura ce résultat. Son désespoir et sa résignation continuent de le ronger, jusqu'à se transformer en ressentiment, en amertume et en méfiance. Il suffit alors en vérité d'un motif banal pour que Tobit, l'homme juste et pur, se mette dans son tort. Et le tragique de l'affaire est que sa propre femme, Anna, va lui fournir ce motif. Elle a été le seul compagnon de sa vie d'isolement extérieur et intérieur ; elle a partagé avec lui toutes les solitudes, les outrages, les angoisses et les soucis ; elle a dit les mêmes prières que lui ; elle fut la compagne de ses pèlerinages et de ses sacrifices. Afin de gagner au moins le minimum pour vivre, elle accepta, dans leur nouvelle misère, des travaux de tissage et fut gratifiée d'un chevreau à leur livraison. Lorsqu'elle le rapporte à la maison, Tobit entend un bêlement surprenant et inespéré. Il n'a pas vu au prix de quel travail Anna avait mérité cet animal ; il pense plutôt que la misère a dû la conduire à le voler. C'est peut-être à ce moment-là que Tobit se rend responsable de sa cécité et du malheur qui en est résulté ; peut-être s'est-il alors senti doublement responsable du fait que seules des initiatives moralement irréprochables pouvaient être prises pour combattre leur situation de misère économique. Il est possible qu'il ait souvent réfléchi lui-même à la possibilité de surmonter ses réticences et de commettre une injustice relativement minime, pour le bien de sa famille, afin de lui épargner les affres de la pauvreté dues à sa cécité ; peut-être s'est-il même imaginé que l'on attendait de lui qu'il commette une telle action en tant que père de famille, après tous les événements passés. Dans sa droiture, Tobit doit avoir repoussé de telles considérations, pourtant bien naturelles ; il les aura prises pour une tentation du Malin et sera revenu avec d'autant plus de résolution sur le droit chemin de l'intégrité de principe. Mais lorsqu'il entend la voix du chevreau, il doit lui sembler que tout ce qu'il s'était lui-même catégoriquement défendu se produit malgré tout, malgré ses injonctions formelles, et que tous ses actes et ses paroles se trouvent ainsi démentis. Que va-t-on dire de lui à présent ? « Voyez Tobit », dira-t-on, « le voilà qui tire le diable par la queue et ne peut s'en sortir sans voler de quoi se nourrir ! C'est à cela que la piété l'a conduit ! On l'a toujours dit : il n'est pas possible de respecter les anciennes lois ; il faut se plier et s'adapter à la vie. Les principes, ça n'avance à rien dans la vie. Il le voit bien lui-même, maintenant. » Un chevreau volé dans la maison, ce serait pour Tobit l'effondrement, le désaveu absolu de tout ce pour quoi il a souffert et combattu sa vie durant ; un chevreau volé, cela signifierait reconnaître que les autres avaient tout de même raison et que sa piété était l'erreur de sa vie. On comprend donc que Tobit soit soudain fou de rage à cause du chevreau, qu'il se fâche tout rouge, réprimande et insulte sa femme sans mesure, et réclame, tremblant de colère, qu'elle rapporte coûte que coûte et dans les plus brefs délais l'animal à ceux à qui elle l'a volé.

Mais le chevreau n'a pas été volé, et Tobit, en voulant être juste, commet une injustice. Son reproche retombe sur lui de manière effrayante. Pour la première fois de sa vie, Tobit a tort ; et il le ressent non comme un simple malheur, mais comme un fait profondément enraciné en lui, fondamental. Tobit perçoit certainement que le reproche de sa femme est justifié : « Tout ce qui t'arrive est bien clair » (Tb 2, 14). C'est aussi son sentiment. Les injustes reproches, pleins de défiance, qu'il a adressés à sa femme dessinent une caricature de ce qu'il est devenu. Sa vie durant, il a voulu servir Dieu ; et voilà qu'il est devenu un grincheux méfiant, un misanthrope. Bon an, mal an, il s'est efforcé de suivre à la lettre les prescriptions de la Loi ; à présent, il est obligé de reconnaître qu'il est devenu un doctrinaire sénile, fossilisé, étranger à la vie, ne la voyant même plus, fanatiquement entêté, impitoyable, desséché, haineux, insensible et grossier, qui prétend toujours avoir raison et ne veut jamais rien admettre, même pas de la part de sa propre femme. Il doit reconnaître qu'il voit partout le mal, que nul n'est capable à ses yeux de faire quelque chose de bien : s'imaginerait-il être le seul homme juste et irréprochable ?

Tout ce que Tobit estimait jusqu'alors être bon et précieux semble tout à coup se transformer en son contraire et n'être plus une vertu, mais un vice. Non qu'il se soit agi de valeurs fausses en soi, mais c'est Tobit lui-même qui est inhumain dans le bien, mort dans sa vie dévouée à Dieu, insensible et froid comme la pierre dans son service de la justice. Il pensait pourtant bien faire ! Il ne peut y avoir d'épreuve plus terrible dans la vie d'un homme que cette remise en question de tous ses principes, valeurs, idéaux et critères. Certes, Dieu reste tel qu'il est ; il échappe à ce renversement des valeurs. Et que pourrait maintenant faire d'autre Tobit que rendre sa vie à Dieu dans un acte de foi désespérée ? Il ne peut qu'affirmer, lui, le pieux Tobit, qu'il est à bout après tous ses efforts, qu'il n'est pas meilleur que tous les autres avec leurs péchés et leurs impiétés, qu'il ne sait plus que faire et ne désire plus vivre. « Mieux vaut pour moi mourir que vivre » (Tb 3, 6) : c'est la seule requête qu'il veuille encore adresser à Dieu, afin qu'il lui ôte la vie comme on décharge quelqu'un d'un fardeau insupportable. Aucun sentiment n'est plus amer que la conviction que, quoi que l'on fasse, on n'aboutira à rien de bon [11].

Tobit est blessé au plus profond de lui-même. C'est un mort vivant ; tel qu'il est, il n'est plus justifié devant Dieu. Il ne peut donc que prier Dieu d'en finir avec lui. Toute sa vie semble gâchée, sa bonne volonté apparaît comme une secrète perversion, tous ses efforts paraissent vains, déplacés, inutiles : à quoi bon continuer de vivre ? « J'ai en moi une immense tristesse », dit Tobit (Tb 3, 6). C'est l'aveu d'une dépression insondable, dont on ne peut être victime que lorsque l'on est contraint de faire un bilan et que, au terme d'une vie qui semblait jusqu'alors riche et bien remplie, apparaît soudain, pitoyable, vide, un bilan de désolation. Tobit n'aspire plus qu'à la paix, il voudrait qu'on le « laisse partir au séjour éternel » (Tb 3, 6). Fatigué de lutter, il souhaiterait mourir dans la tristesse, le vide, l'inutilité et le désespoir ; c'est pourquoi il demande à Dieu la mort comme une dernière grâce.

On ne peut tomber plus bas que de sombrer devant Dieu dans le désespoir à cause de sa souffrance. De tous les dangers qui guettent l'homme, c'est le plus effroyable ; et il guette précisément la vie droite et pieuse de Tobit. Telle est la provocation fondamentale, la menace essentielle pour Israël : devoir s'entendre dire au bout du compte, malgré toute sa piété, sa droiture et sa fidélité, que l'on est seulement devenu sûr de sa propre justice, insensible, faux et haineux. C'est à travers le personnage de Tobit qu'Israël a dépeint avec le plus d'honnêteté le danger implicite contenu dans sa propre essence : le danger qu'Israël devienne injuste dans sa volonté de justice et connaisse un endurcissement, une pétrification irréversible de la vie, dont la mort semblerait être la seule délivrance.

Désespoir de la jeunesse et piété figée de la vieillesse

Il est vrai que Tobit ne représente qu'un seul aspect du danger évoqué précédemment : il incarne la menace éventuelle qui pèse sur une vie de piété *lorsqu'elle touche à sa fin.* Tobit est en quelque sorte l'image de ce danger dans la vieillesse. Pour compléter le tableau, il faut un personnage parallèle qui soit dans toutes ses caractéristiques l'opposé symétrique de Tobit, afin de représenter ce même danger de pétrification de l'être chez le croyant à l'autre bout de la vie. Ce personnage parallèle, c'est Sara, la fille de Ragouël, d'Ecbatane en Médie. Alors que Tobit est un homme âgé, Sara est une jeune femme ; alors que Tobit perd son *anima*[1], la moitié féminine de son âme, au terme d'une vie de piété, pour avoir été méfiant et infatué de lui-même, Sara, *à cause de sa piété,* ne parvient même pas à entrer dans la vie et perd le partenaire masculin de son âme avant même de le posséder. Ainsi, le désespoir de Tobit dans sa vieillesse est relié de manière temporelle – donc essentielle[2] – au désespoir et à l'incapacité de vivre de la pieuse Sara dans sa jeunesse. Tous deux, Tobit et Sara, se ressemblent et s'assemblent telles la main droite et la main gauche. Selon cette représentation, la piété dans la vieillesse est menacée de dessèchement alors que la piété dans la jeunesse fait peser sur la vie la menace d'une incapacité de vivre et d'une angoisse, avant même que la vie n'ait commencé. C'est pourquoi la tentative de mener une vie vertueuse risque de dérober à la vieillesse ce qui lui reste de jeunesse et d'ôter à la jeunesse le courage de mûrir. D'un côté comme de l'autre, la piété est donc suspecte d'étrangeté à la vie, d'absence de communication et – dans un langage moderne – de formation névrotique d'idéal dans le surmoi. Tous deux, Tobit comme Sara, s'étiolent dans leur caractère vertueux du fait de leur incapacité d'aimer.

Car c'est sans doute l'incapacité d'aimer qui définit de la façon la plus simple Sara. Sept fois elle a été donnée en mariage, mais les sept maris, l'un après l'autre, sont morts pendant la nuit de noces. Un esprit malin, du nom d'Asmodée, avait pris possession d'elle ; voilà pourquoi elle a été raillée et rejetée comme une étrangleuse de maris[3] (Tb 3, 9). On ne peut vraiment comprendre la tragédie de Sara, ainsi que le parallélisme entre son destin et la détresse de Tobit, qu'en considérant la nature psychologique de sa possession par le démon. Sara est l'unique enfant de son père (Tb 3, 10.15), qu'elle aime profondément et auquel elle ne voudrait faire aucun mal (Tb 3, 15). Mais c'est précisément ce lien étroit avec son père Ragouël qui semble la rendre incapable de se lier à un autre homme. Ce qui, avec la puissance d'un démon, s'empare d'elle lors de chaque nuit de noces sous la forme d'Asmodée, semble être justement ce qui, en d'autres ciconstances, est qualifié élogieusement de caractère chaste et vertueux. Elle-même déclare être « restée pure de tout acte impur avec un homme » (Tb 3, 14). Elle n'imagine pas qu'en évoquant ainsi ce qu'elle tient pour hautement louable devant Dieu, elle nomme après sept nuits de noces la raison de la puissance de l'inquiétant démon Asmodée. Avec une telle attitude, comment pourrait-elle donc autoriser un homme à s'unir à elle selon le devoir d'un époux (Tb 3, 8), sans le détruire par son angoisse et son aversion ? Pour se représenter la façon dont elle tue les hommes, il faut songer au fantasme de la *vagina dentata* ou encore, « déplacé vers le haut », à celui de la femme-vampire suceuse de sang, ainsi qu'on le rapporte souvent dans les mythes ou les contes à propos de sorcières anthropophages [4]. On peut sans aucun doute identifier le démon malin Asmodée, dans le langage de la psychanalyse, comme étant un complexe d'Électre [5], c'est-à-dire la manifestation psychique d'un lien trop fort entre la jeune fille et son père, avec pour conséquence une résistance acharnée à toute pulsion sexuelle. Le résultat visible en est une peur terrible et une attitude de refus radical à l'égard de toute tentative d'approche masculine. Sara ne doit avoir de rapports avec aucun homme, car le seul homme qu'elle aime, c'est son père ; et les pulsions sexuelles qui le concernent relèvent totalement de l'interdit de l'inceste.

Cependant, l'attachement de Sara à son père n'est manifestement pas du tout une relation à sens unique. Ainsi que nous l'apprenons plus loin, Ragouël passe toutes les nuits de noces de sa fille à creuser la tombe de son futur gendre (Tb 8, 10), comme s'il était déjà certain que ce gendre-ci allait aussi mourir. On est bien obligé d'attribuer à Ragouël une bonne dose de complicité secrète, et donc de responsabilité, dans le destin malheureux de sa fille. En effet, c'est tout simplement *son propre* esprit qui s'incarne en Asmodée, c'est *son propre* attachement à sa fille qui conduit celle-ci à détruire tous ses amoureux dans sa conscience, donc en fait dans la réalité ; c'est plus ou moins lui qui assassine dès le départ tous ceux qui prétendent aux faveurs de sa fille [6].

Une telle interprétation psychanalytique du démon Asmodée est très tentante, mais on doit considérer, par-delà le diagnostic psychanalytique objectif, l'aporie existentielle à laquelle Sara est ainsi condamnée. Un être humain ne peut vivre sans amour, et de toute évidence, Sara aspire passionnément à l'amour d'un autre être. Toutefois, il ne faut pas s'imaginer son père comme une personne purement cruelle, à l'autorité oppressive. Au contraire, un homme comme Ragouël n'a certainement eu de cesse d'enseigner à sa fille combien il est important d'être une « vraie » femme, de sorte qu'il n'a dû y avoir pour elle de sujet plus capital que l'amour, toujours l'amour. En même temps, on a dû toujours exiger d'elle un certain idéal de moralité qui, au fond, excluait et tuait déjà dans l'œuf de façon systématique tout sentiment un tant soit peu profond, pour sacrifier à la vertu d'une pureté immaculée. Et pour mettre la dernière touche à ce cercle vicieux, Sara a dû se raccrocher à son père après chacune de ses déceptions amoureuses dictées par la morale, cherchant refuge auprès de lui avec un sentiment de culpabilité redoublé, pour trouver une consolation dans sa tristesse et pour obéir à un réflexe de protection contre sa propre capacité à connaître la passion et le bonheur. Cette capacité, qu'elle a dû au moins soupçonner en elle, doit lui être apparue comme la menace d'une déchéance et d'une ruine totale, dont son père était manifestement le seul à pouvoir la sauver. Mais c'est précisément l'amour et l'affection de Sara pour son père qui lui interdisent de dépasser le stade infantile de petite fille pour devenir une femme adulte.

Si l'interprétation que nous proposons pour Asmodée, l'esprit malin, est correcte, ce qui empêche Sara d'entrer dans la vie, c'est tout ce qu'elle estime être moral et bon, ce qui correspond aux leçons de son père, ce qu'elle considère comme un comportement modèle de droiture et qui possède pourtant cette face cachée effrayante et mortelle. Comment une personne incapable de vivre parce qu'elle ne veut que le bien ne serait-elle pas désespérée ? C'est justement parce que Sara ne veut faire que ce qui est juste, conforme à la volonté de son père, que le Mal s'empare d'elle avec une violence assassine. Comme Tobit, elle ne parvient plus à vivre et devient méchante, alors que – et parce que – jamais elle ne viendrait à souhaiter autre chose que ce qui est juste et bon.

En même temps, et d'un même cœur, Tobit et Sara, devant Dieu, appellent tous deux la mort de leurs vœux. On dit que le désir de mourir est finalement une autre forme du désir de tuer. Cela vaut certainement pour nos deux personnages. Par sa mort, Tobit voudrait au fond anéantir le monde tout entier, ainsi qu'il l'a déjà préfiguré de manière magique en devenant aveugle. De même, on peut supposer que Sara voudrait en vérité détruire son père ; elle pourrait échapper à son désir de mourir en tuant Ragouël [7]. Plus d'un candidat au suicide aime à laisser un message particulier avant de faire le dernier pas, afin de consoler certaines personnes qu'il laisse derrière lui et dont il prévoit la tristesse. Psychologiquement, on peut admettre que ces personnes évoquées dans les derniers instants sont pratiquement toujours celles à qui la tentative de suicide est destinée en tant qu'acte de vengeance secrète. « Voyez, je me détruis, et c'est vous les coupables », veut-on dire par le suicide. C'est bien ainsi que l'on doit comprendre le fait que Sara ait peur de causer une trop grande tristesse à son père si elle se donnait la mort (Tb 3, 10). Il faut considérer son père comme le destinataire principal de son projet de suicide ; cet acte extrême d'autodestruction lui est sans doute destiné, à la fois comme une preuve et une vengeance du fait qu'il a lui-même détruit par son amour la vie de sa fille, avant même que cette vie ne commence.

Dieu merci, on n'en arrive pas là ! L'amour de Sara pour son père l'emporte sur son secret désir de vengeance. De plus, Sara nourrit encore quelque espoir. En effet, même si elle demande à Dieu de lui donner la mort, elle s'en remet à lui pour décider éventuellement de ne pas lui ôter la vie, mais de chasser hors d'elle l'esprit malin (Tb 3, 15). Dans sa prière bouleversante, elle ne réclame pas la mort ; elle supplie Dieu de mettre un terme, d'une manière ou d'une autre, à sa situation insupportable. Contrairement au vieux Tobit, elle a encore la force de concevoir au moins l'ébauche d'une autre solution que la mort.

Le périlleux chemin de la rédemption

Nous sommes arrivés à la question déterminante : comment échapper au piège tragique du bien sans subir ni provoquer la destruction et la perte ? Comment trouver une passerelle entre la piété et la vie, lorsque la vie autour de vous est à ce point hostile à la piété ? Comment une personne pieuse peut-elle retrouver son unité intérieure et sa vivacité ? Il est clair que Tobit et Sara ont chacun besoin d'un élément qui complète leur personnalité : au vieux Tobit, il faudrait la jeunesse et la fraîcheur de Sara, et à la jeune Sara, il faudrait la maturité et l'expérience de Tobit. Mais comment ces deux êtres peuvent-ils se trouver ? C'est là toute la question [1].

Le chemin comme structure – la différence religieuse.

Le problème se pose avec une structure toujours identique dans de nombreux contes et mythes, et les variations d'un exemple à l'autre portent uniquement sur les différents sujets. Il s'agit du type du roi mourant, qui a impérativement besoin d'un élixir que possède une très belle princesse, mais celle-ci est ensorcelée et attend elle-même depuis des années sa délivrance [2]. Pour parvenir jusqu'à elle, le roi envoie son fils, afin que ce dernier arrache la demoiselle perdue des griffes du mal et permette à son père de retrouver sa force juvénile [3]. Cependant, le fils du roi doit en chemin sortir sain et sauf d'aventures périlleuses, au cours desquelles il reçoit certes le soutien puissant d'esprits mystérieux ; il se retrouve pourtant en danger de mort, est tout de même sauvé et finit par ramener à la maison la princesse délivrée. Tout est bien qui finit bien.

Ce thème de la victoire sur les puissances de la mort et de la libération de la princesse ensorcelée, sauvée des griffes du mal, est *le* type par excellence du drame de délivrance ; il constitue la figure de base de tous les récits qui narrent le retour de l'*anima* perdue et ses noces sacrées avec la conscience royale qui n'était plus vivante, exprimant ainsi l'union de toutes les contradictions de la vie dans le « soi [4] » (C. G. Jung).

L'histoire du livre de Tobit correspond elle aussi parfaitement à ce schéma de base. Ici aussi, un vieil homme mourant envoie au loin son fils Tobias, qui revient avec une jeune fille libérée de l'emprise d'un démon et rapporte, après avoir surmonté moult dangers, une sorte d'élixir de vie. Il n'est pas très important que, dans les contes, le départ du fils vise en général expressément à la guérison du père, alors que, dans le récit biblique, l'obtention du baume qui va guérir les yeux de Tobit n'est qu'une action secondaire. En effet, sur le plan psychologique, la guérison du vieil homme aveugle, symbole du conscient parvenu à un stade de trop grande maturité [5], signifie l'union des contraires dans un troisième élément : le fils.

Ce qui est important, à la vérité, c'est la différence *de fond* qui sépare la légende du livre de Tobit de la forme narrative des contes. Le thème de la fiancée sauvée des mains du démon peut se rapporter dans les mythes populaires à la réapparition de la princesse de la lune, retenue prisonnière dans un sombre cachot par un dragon ou par un ogre [6] ; il arrive aussi qu'il décrive le séjour de la princesse des céréales dans le sein de la terre hivernale et le joyeux retour de la végétation au printemps [7]. Comme nous l'avons dit, d'un point de vue psychologique, ces images renvoient à ce que Jung a qualifié de « processus d'individuation », c'est-à-dire l'union des contraires, entre le conscient et l'inconscient.

Cependant, ce schéma psychologique général est transformé dans le livre de Tobit en une problématique religieuse. Ici, en effet, la question n'est plus de savoir comment une personne peut se trouver elle-même, mais comment elle peut être délivrée du caractère mortel de sa propre bonne volonté et de sa piété, afin de trouver Dieu. Cette réinterprétation religieuse n'est en aucun cas un acte théologique arbitraire. Avoir l'assurance psychologique que l'on peut absolument avoir confiance en la sagesse de l'inconscient ne suffit pas *a priori* dans notre expérience existentielle, dans la mesure où l'inconscient de la *psyché* humaine peut produire tout aussi bien des forces de destruction que d'intégration, des forces qui décomposent la personnalité ou qui la guérissent. Nul ne peut être confiant en un « inconscient » qui n'est pas lui-même une personne [8]. C'est pourquoi il est absolument nécessaire d'avoir l'assurance religieuse que même la dynamique de ce qui reste psychologiquement inconscient à l'homme n'est que la manifestation et la fonction d'une puissance qui est consciente d'elle-même au plus haut point et qui est en soi une personne. C'est donc à bon droit que l'auteur du livre de Tobit qualifie l'esprit secourable des contes et des mythes d'« ange de Dieu ». Car pour la conscience humaine malade d'elle-même à force de bonne volonté, l'issue dépend de l'existence d'une puissance clairement bienfaisante, toute de bonté, derrière les images déformées qui naissent de son angoisse, une puissance capable de l'accompagner et de lui indiquer la voie de la guérison est déterminante [9]. Un être déchiré et désespéré au point d'être incapable de vivre, comme le sont Tobit et Sara, éprouve absolument le besoin de sentir que son Dieu, en qui il a mis sa foi et pour qui il a vécu, possède la volonté et le pouvoir de guérir. Un tel être a besoin de sentir ce qui est exprimé dans le nom de l'ange « Rapha-El » : c'est-à-dire que c'est Dieu qui guérit.

On peut s'interroger un instant sur les autres issues qui pourraient s'offrir à Tobit et Sara. Il y aurait en effet une autre voie « non divine » : Tobit et Sara pourraient déclarer que toute leur lutte et leurs efforts passés pour plaire à Dieu étaient une erreur. Ils pourraient devenir enfin « normaux » et « raisonnables » en se fondant dans la médiocrité commune ; ils pourraient apprendre à souiller ce qui leur était sacré jusqu'alors ; ils pourraient regretter leurs années de piété, les considérer comme du temps perdu, gâché, et se jeter dans ce que l'on prétend être la « vraie vie » avec ce besoin de se rattraper propre aux gens à moitié morts de faim [10]. Qu'ils ne songent même pas à une telle « voie » prouve leur valeur morale et leur qualité humaine à tous deux. Ils préféreraient une mort physique à la mort morale. Mais c'est justement pour cette raison qu'ils se trouvent à présent dans une situation apparemment inextricable. Et s'ils doivent être sauvés, alors ce salut ne doit pas venir de « l'inconscient », qu'ils nient psychiquement, mais il doit leur être envoyé par le Dieu qui les a conduits dans cette impasse pour lui avoir été fidèles et obéissants. De même que le malheur de Tobit et de Sara est d'origine religieuse, de même il ne peut prendre fin que par des voies religieuses. Mais comment est-ce possible ?

Le livre de Tobit a le courage de ne pas laisser non plus cette question sans réponse ; il évoque, au contraire, en détail, avec quelle prudence et quelle sagesse, mais aussi à travers quelles péripéties et quels dangers un « ange de Dieu » peut apporter secours et conseil à l'homme. Les images et les thèmes dont il se sert à cette fin ne sont pas une invention originale, comme nous le constatons ; mais ils émeuvent profondément et possèdent, dans le ton et l'agencement du récit biblique, une densité et une pertinence psychologiques remarquables. C'est précisément de la manière dont Raphaël instruit Tobias, fils de Tobit, que l'on peut apporter la délivrance à une femme comme Sara et rendre la vue à un homme comme Tobit. Pour le comprendre, certaines interprétations symboliques sont également indispensables pour la suite du texte.

Il suffit d'évoquer les longues recommandations que Tobit, malgré son désir de mourir, voudrait donner à son fils pour la route (Tb 4, 3-19). Elles montrent que Tobit, malgré tout, continue infatigablement de croire au bien-fondé de la conduite qui a été la sienne jusqu'alors, et qu'il donne lui-même à son fils, en considérant sa propre détresse, une assurance tout à fait étonnante : « N'aie pas de crainte, mon enfant, si nous sommes devenus pauvres ; tu possèdes une grande richesse, si tu crains Dieu [...] et si tu fais ce qui est bien aux yeux du Seigneur ton Dieu » (Tb 4, 21). Ainsi, même du fond de son désespoir, Tobit ne peut rien conseiller ni souhaiter de mieux à son fils que de suivre ses traces, tant il continue d'être fidèle à sa foi et à ses convictions. Et c'est seulement dans cette fidélité que devient possible et nécessaire la voie libératrice de la guérison intérieure, qui va trouver sa représentation symbolique dans l'envoi au loin de Tobias [11].

Le trésor dérobé.

Le prétexte de l'envoi de Tobias semble littéralement « avoir été cherché bien loin » et d'une complète banalité : Tobit se souvient d'une ancienne créance qu'il espère recouvrer auprès de Gabaël, en Médie (Tb 4, 20). Si l'on prend cette information à la lettre, elle déconcerte par le contraste qu'elle renferme: c'est une histoire d'argent aussi bête qui va être l'instrument divin du salut de Tobit ! Ainsi vont les choses, semble dire le livre de Tobit par cette étrange association : nous, les hommes, pensons mettre tout en œuvre pour nous tirer du bourbier, alors qu'en réalité, nous ne faisons que nous fourvoyer dans une impasse ; mais, alors que nous sommes épuisés, alors que nous n'apercevons plus ni but ni direction, nous accomplissons une action apparemment tout à fait insignifiante et secondaire, et c'est précisément elle qui peut devenir devant Dieu le point de départ de notre salut. Dieu agit avec nous de telle sorte que nous ne pouvons souvent pas prévoir comment s'accomplira notre salut, même avec la meilleure volonté du monde. Ce passage semble dire que l'essentiel dans notre vie survient en quelque sorte de l'extérieur, de manière inattendue, sans aucune relation avec la situation de départ que nous avons pu provoquer nous-mêmes. Ce n'est qu'après coup, à partir de l'heureux résultat, que nous pouvons reconstituer et comprendre l'action de Dieu dans les événements étranges de notre vie, et finalement, ce qui nous reste à faire d'humainement essentiel, c'est d'être reconnaissants [12].

Mais la somme d'argent dont se souvient soudain Tobit n'est certainement pas (seulement) un bien matériel. Les biens cachés ou qui se trouvent au loin symbolisent généralement dans les contes et les mythes des vérités cachées, des « trésors » de l'âme, qui se sont perdus voilà longtemps déjà dans l'inconscient ou, pour le dire de manière imagée, dans la lointaine « Médie » [13]. La « pauvreté » elle-même, dont Tobit vient à souffrir, peut être certainement comprise comme une image du vide de la vie, de l'appauvrissement intérieur et de la perte d'âme progressive. En effet, seule cette interprétation permet de comprendre ensuite pourquoi Raphaël ne conduit pas Tobias directement jusqu'à l'endroit où se trouve l'argent que Tobit a prêté, mais l'envoie tout d'abord sur le chemin de l'amour. Et pendant que Sara et Tobias apprennent l'amour en dépit de toute leur angoisse, Raphaël va chercher lui-même la somme d'argent à rapporter. En d'autres termes, les valeurs – enfouies dans l'inconscient – d'une vraie vie, intérieurement riche et comblée, ne peuvent être retrouvées que sur le chemin de l'amour ; c'est seulement lorsque « Sara », l'image de l'âme malheureuse qui aspire à la délivrance, a été littéralement « ramenée à la maison », que le sentiment de « pauvreté », de vie gâchée, cesse. Raphaël, « l'ange de Dieu », est ici le symbole de ce qui, dans notre vie, nous indique le chemin et nous accompagne dans la quête périlleuse du bonheur ; inversement, le chemin qui conduit à soi est, fondamentalement, le chemin que Dieu veut suivre avec nous dans notre vie.

Aux yeux de Tobit et de Tobias, l'« instrument » de la conduite divine ressemble parfaitement au début à une personne ordinaire, non seulement parce que l'ange Raphaël se fait passer pour Azarias, un proche de Tobit (Tb 5, 13), mais parce qu'il incarne, par son nom même, « l'aide de Dieu ». On doit donc en déduire que Dieu agit par l'intermédiaire de quelque chose qui nous semble familier, donc en quoi nous pouvons avoir confiance ; et cependant, cela nous reste en fait étranger et apparaît finalement comme les dehors de Dieu, qui se dévoile afin que nous puissions vivre un moment en sa compagnie. Ainsi, cela fait aussi partie manifestement de la représentation de Dieu que le livre de Tobit veut nous enseigner : Dieu ne réalise rien en nous par la force ni la contrainte, mais il est prêt, au contraire, à nous accorder de longues étapes de développement, et veut en même temps nous accompagner et nous assister sur ce chemin.

Les images de l'« ange » et du « fils ».

C'est cet accompagnement divin qu'exprime le symbole de l'« ange ». Sans entrer dans le problème théologique de savoir si les anges existent « réellement », c'est-à-dire indépendamment de la *psyché* humaine, la figure de l'« ange » apparaît toujours, d'un point de vue psychologique, lorsque l'on perçoit intérieurement l'image de son essence, de son « proche » intérieur [14] ; l'« ange » représente donc la force de la personnalité propre, la « conscience de l'essence », c'est-à-dire la vérité de l'être propre, telle qu'elle était incarnée par exemple dans la religion égyptienne à travers le « ka » [15]. L'ange Raphaël n'a pas seulement figure humaine, il est par tout son être la figure d'une humanité intacte et sauve, ou du moins qui conduit au salut.

On ne peut que confirmer également *de fait* l'ambiguïté de la figure de l'ange dans le livre de Tobit, oscillant entre les rôles de puissance spirituelle et de partenaire humain. Comment, en effet, pourrait-on percevoir la puissance du Dieu guérisseur autrement que dans la rencontre d'une autre personne qui, par sa proximité et sa bonté, par son amour qui vous accompagne de manière chaleureuse et désintéressée, est une fenêtre ouverte sur le ciel et une protection constante dans le chaos de l'angoisse ? Un homme qui entre ainsi dans votre vie tel un ange gardien porte toujours les traits d'un « proche », d'une vieille connaissance ; car il y a toujours en lui quelque chose des buts et des voies de développement possibles auxquels on aspirait déjà en tant qu'enfant, mais dont on ne prend véritablement conscience que maintenant. Avant tout, un tel « ange gardien », par essence, reçoit la charge de la protection autrefois si ambivalente qu'assuraient le père ou la mère et clarifie quelque peu cette protection : ce qu'il y avait de bon dans les instructions des parents cesse d'être rattaché à la peur pour être repris par une autre personne qui nous aide à cheminer. Cette personne est celle que Dieu a envoyée sur notre chemin — c'est « l'un des sept anges qui se tiennent devant Dieu » — afin de vaincre la puissance de la cécité et de l'égarement psychique par la force de sept hommes. Une telle personne, qui montre par sa présence que Dieu aide et guérit, est absolument indispensable pour que nous soyons proches de l'image essentielle de notre âme, de notre propre figure d'ange. Il arrive presque toujours que l'on ne voie et n'apprenne sa véritable nature que par l'intermédiaire d'une autre personne ; et seule une personne qui accepte sans condition de nous accompagner sur le chemin de notre vie dans ses étapes décisives peut faire l'expérience de l'« ange », expérience divine au fond, et absolument liée à un engagement. Mais pour parvenir jusque-là, il faut parcourir un long chemin de patience et de maturation, que la légende de Tobit qualifie précisément de « divin ».

Pendant quelque temps, la ligne de conduite et le mode d'éducation de Dieu tout de bonté et de patience, vont se manifester à la personne de Tobias, jeune et inexpérimenté : en suivant son propre « chemin », son propre développement entre l'Assyrie et la Médie, il va construire la passerelle nécessaire pour réunir Tobit, l'aveugle, et Sara, la célibataire malheureuse. En accomplissant la course dont son père l'a chargé, Tobias mûrit et devient un homme ; ainsi, il n'indique pas seulement ce qu'est l'essentiel, la synthèse d'une condition humaine intacte et libérée, mais il prouve en même temps par sa propre personne *comment* Dieu dirige et organise imperceptiblement la maturation d'une personne.

Le personnage de Tobias peut lui aussi faire l'objet d'une double interprétation. Le « fils », que son « père » envoie en terre étrangère pour son propre salut, symbolise dans la psychologie des profondeurs la force du moi chargée par la conscience de trouver un accès aux couches profondes de la *psyché*. Souvent, comme c'est le cas dans le livre de Tobit, le « fils » est accompagné par un « chien », par un animal (qui parle [16]). Ainsi, dans la mythologie égyptienne, c'est le fidèle Anubis à tête de chacal qui vous indique le chemin des enfers et vous y conduit [17]. En effet, ce sont toujours les facultés de perception « animales », instinctives, inconscientes, qui sont capables d'assurer l'orientation et la protection, au pays étranger et lointain de l'inconscient. D'autre part, on peut aussi penser le personnage de Tobias de manière « objectale » et le considérer comme une personne autonome, ayant un développement propre. Ces deux façons d'envisager les choses ne sont pas incompatibles : au contraire, on peut même dire que l'une implique l'autre, puisque, bien souvent, la vie des parents s'accomplit symboliquement à travers leurs enfants et qu'inversement, la nature des enfants est bien souvent le reflet intérieur des parents. Mais pour comprendre ce qui va suivre, le plus simple est de considérer Tobias et Sara comme deux personnalités propres et différentes. Toutefois, cela ne doit jamais nous faire oublier le point de vue « subjectal », selon lequel ces deux personnages incarnent des forces psychiques qui vont rendre l'espoir et la richesse à une vie désormais sans âme, figée et psychiquement aveugle.

Le premier problème qui se pose à Tobias lorsqu'il quitte la maison est la séparation d'avec sa mère. Avant même qu'il ne se mette en chemin, éclate une sorte de dispute entre les parents, entre Tobit et sa femme Anna. Parce qu'elle a peur, la mère veut retenir son fils auprès d'elle (Tb 5, 18). Ses paroles sont dictées par la crainte et le souci ; et s'il ne tenait qu'à elle, Tobias devrait, comme elle, se satisfaire d'être tout simplement en vie (Tb 5, 20). Il devrait renoncer à toute idée de départ et de danger, de développement et d'épreuve [18] ; il deviendrait alors comme Sara à Ecbatane, liée à son père, l'est déjà devenue, et serait bien entendu incapable de la délivrer un jour du malheur d'être une petite fille bien sage. Et bien entendu, l'« ange » lui aurait été donné par Dieu en vain. Le prix du chemin que Tobias doit parcourir pour entrer dans la vie, ce sont les larmes et les lamentations de sa mère [19]. Vouloir absolument les éviter, condamnerait Tobias à rester éternellement un enfant. Certes, une telle attitude apparaîtrait comme un acte d'obéissance dévouée à sa mère, mais à un niveau plus profond de la vie, ce serait un acte de désobéissance à Dieu. Pour mûrir, Tobias doit quitter sa mère, ce qui implique qu'il réponde à la peur qu'éprouve sa mère par un surcroît de confiance. Son père lui indique aussi cette direction en se montrant fermement convaincu que son fils va revenir. Il peut laisser partir son fils parce qu'il a l'assurance qu'« un bon ange l'accompagnera » (Tb 5, 21). Manifestement, Tobit sait que l'angoisse ferme le chemin de la vie, mais que la confiance en Dieu l'ouvre et le rend plus facile : là où une personne fait route sur son propre chemin, Dieu est toujours à ses côtés, même dans la dernière extrémité. Voilà ce que Tobit pressent au sujet de son fils, ce qui lui donne le courage de laisser partir Tobias « en terre étrangère », et ce qui se confirme aussi *a posteriori* de manière si merveilleuse. Mais il en va ainsi, nous ne voyons pas Dieu, ou son ange, au commencement du chemin qui nous conduit à notre être propre ; de nous-mêmes, nous ne pouvons qu'être *confiants* dans son accompagnement. À la fin seulement, on découvre que c'était bien Dieu qui, pendant tout ce temps, était à nos côtés et nous accompagnait dans ce qui nous apparaissait humainement si loin, et pourtant à la fois si proche de nous.

L'injonction de l'« ange »
ou le pouvoir de la foi sur la peur.

Au tout début de son voyage, Tobias parvient vers le soir au bord du Tigre. Ce thème de la traversée nocturne d'un fleuve, qui, dans la Bible, joue également un certain rôle dans l'épisode de la lutte de Jacob au gué du Yabboq (Gn 32, 23-32) et peut-être lors de la traversée de la mer Rouge (Ex 14, 15 – 15, 11), a sans doute son origine dans la mythologie solaire, tout comme les thèmes du père aveugle, du poisson qui engloutit (voir Jon 2, 1) et de la fiancée (la lune) ensorcelée, ramenée chez elle [20]. En effet, toutes les nuits, le soleil plonge dans la mer de l'univers (ou dans l'océan du ciel), et court ainsi le danger d'être englouti par le Léviathan qui habite la mer de l'univers (ou la nuit), jusqu'à ce qu'il ressurgisse des flots au matin suivant – ou encore au matin de l'univers, au commencement de la nouvelle année – après un combat héroïque, ayant retrouvé une nouvelle jeunesse (la vue, la lumière). Dans la vie de Tobias, cette image signifie, au premier stade de la confrontation intérieure avec lui-même et de sa maturation, qu'il doit se confronter à des couches et des zones de son être qui lui demeuraient totalement étrangères et opaques jusqu'alors. Comme pour le symbole du baptême, il s'agit avant tout pour Tobias de se confronter à des puissances de l'existence qui semblent lui dérober le sol sous les pieds, alors qu'en vérité, elles le font naître lui-même, purifié et régénéré [21]. Psychologiquement, le symbole de l'eau représente souvent l'univers de l'inconscient, qui apparaît au moi menaçant et angoissant, alors qu'il pourrait être en fait un lieu de régénération et d'intensification de la vie.

Le problème qui surgit, inquiétant, des profondeurs de l'inconscient dans la vie de Tobias et qui menace presque d'engloutir le jeune homme est signalé par l'image du gros poisson. On est en droit de reconnaître ici un symbole phallique [22]. La mission à laquelle Tobias est confronté peut donc se résumer ainsi : à mi-chemin de son voyage de jeunesse, il ressent en lui des forces et des énergies auxquelles il se sent tout d'abord livré sans pouvoir rien faire. Des énergies pulsionnelles montent en lui, qui lui paraissent énormes et dont il lui faut craindre qu'elles ne l'engloutissent. Le réveil de ses forces sexuelles, inconscientes, se produit pour lui de manière soudaine et surprenante. Un domaine s'ouvre en lui dont il n'avait jamais rien su, qui l'assaille littéralement (Tb 6, 2) ; tout va dépendre à présent du comportement de Tobias. S'il était livré à lui-même, il est extrêmement probable que Tobias serait pétrifié de peur : ces énergies sexuelles naissantes lui feraient tellement peur qu'il serait paralysé. Il deviendrait alors certainement une proie facile pour les pulsions et leurs dangers, que symbolise le poisson. Ou bien, il s'enfuirait en rebroussant chemin et ne parviendrait jamais à son but ; dans la maison de sa mère, il partagerait un sort semblable à celui de Sara aspirant à la délivrance, et, à cause de son comportement purement régressif, gâcherait sa chance de devenir un homme.

Il n'y a par conséquent qu'un seul chemin possible, mais Tobias ne peut le prendre de son propre chef. Il ne peut se sauver que s'il prend « en main » et saisit énergiquement le danger qui l'assaille. Sa situation n'est pas sans rappeler la scène qui se passe au Sinaï, où Dieu ordonne à Moise de jeter son bâton : ce dernier se transforme alors en un serpent qui fait fuir Moïse (Ex 4, 2-4). C'est seulement lorsque Moïse saisit le serpent sur l'ordre de Dieu qu'il redevient bâton [23]. Il en va de même pour Tobias. S'il rejetait les forces naissantes de son âme, c'est alors véritablement qu'elles prendraient une forme dangereuse et menaçante. Ses énergies vitales refoulées constitueraient une source d'angoisse permanente et le contraindraient à une vie de fuite constante. C'est seulement en osant « saisir » et mettre « au sec » ces énergies récalcitrantes qui l'agressent, c'est-à-dire en osant les tirer des zones de l'inconscient pour les placer sur la terre ferme, qu'il deviendra maître de lui-même. Mais il ne peut le faire que sur l'injonction d'une puissance absolue, en laquelle il puisse avoir une confiance inconditionnelle. Ce n'est pas en lui, par un acte de volonté, qu'il trouve la force de mener à bien cette aventure de la maturation. Au contraire, c'est seulement grâce à la confiance placée en son compagnon – celui-ci apparaîtra plus tard comme le messager de Dieu – qu'il acquiert la force de détermination nécessaire pour affronter sa mission vitale [24].

Ainsi, il est clair qu'il s'agit pour Tobias de tout autre chose que d'une épreuve de bravoure. Il existe certes dans des pratiques d'initiation primitives certains rites de puberté qui consistent à confronter les jeunes garçons de la tribu avec un monstre qui dévore tout : ils sont engloutis dans son gosier, puis recrachés. Ce monstre glouton est généralement féminin ; il incarne le personnage de la mère protectrice qui se changerait effectivement en un monstre dangereux et dévorant pour le garçon en pleine croissance, si la peur le conduisait à vouloir régresser et rester dans le giron maternel [25]. Pour entrer dans la vie en homme libre, Tobias doit éliminer *cette mère-là,* dont l'amour est capable de le vider de son sang. Mais à la

…ne épreuve de bravoure, c'est une épreuve de foi …obias vient à bout à son insu. En rassemblant tout … courage et toute sa force pour réussir la mission qui lui incombe, il obéit finalement à Dieu. Et l'ordre qui dissipe sa peur ne vient pas de sa propre force de détermination, mais lui est lancé par Raphaël. Ce n'est pas le courage, mais la confiance qui sauve Tobias[26].

En maîtrisant les énergies « incestueuses » régressives, en tuant le poisson, Tobias réussit également à contrôler sa libido. Dans les contes et les mythes, les héros partis à la recherche de la jeune fille exilée doivent souvent tuer un monstre qui barre le chemin : un aurochs, par exemple, comme dans le conte de Grimm intitulé *La Boule de cristal*[27], ou bien un lion qui garde l'entrée d'un jardin enchanté ou des enfers. C'est ainsi qu'il faut comprendre le poisson tué par Tobias. Avant de pouvoir délivrer la jeune fille du sort qui lui a été jeté, le héros doit avoir suffisamment « tué », c'est-à-dire « décomposé », « analysé », « mangé » ses propres forces pulsionnelles (sexuelles), autrement dit se les être appropriées, pour qu'elles soient à ses ordres avec toute leur « teneur » propre, avec ce qu'elles ont réellement de valeur intérieure. Sur les conseils de l'ange, Tobias recueille le cœur, le foie et le fiel du poisson (Tb 6, 4), et renonce ainsi symboliquement à la forme purement extérieure de la promesse sexuelle suggérée par le poisson ; il détruit pour lui-même l'aspect extérieur brut de la sexualité et ne retient que ce qu'elle renferme « à l'intérieur ». Il le fait tout d'abord dans un acte d'obéissance aveugle, simplement parce qu'on lui dit que c'est bien ainsi. Ce n'est que plus tard qu'il comprendra la finalité de son acte et les possibilités que la mise à mort du poisson a fait surgir (Tb 6, 8.9). Ici, le livre de Tobit veut manifestement nous dire que, dans notre vie, nous faisons souvent ce qui est juste de manière instinctive, comme pour répondre à un ordre intérieur, sans vraiment savoir pourquoi nous le faisons ; ce n'est que beaucoup plus tard que nous remarquons l'utilité des capacités ainsi acquises et des décisions prises. L'important n'est pas que nous comprenions Dieu, mais que nous fassions ce qu'il exige de nous dans le langage de notre vie. Bien sûr, ce que Dieu exige pour notre propre salut et pour celui de nos proches n'est jamais quelque chose d'absurde ni de totalement incompréhensible. À un moment ou à un autre, nous percevrons bien le sens de tout cela ; cependant, à l'instant décisif, il n'est pas utile que nous le comprenions, mais seulement que nous cessions d'avoir peur, afin de ne pas nous dérober à une mission que nous devons accomplir pour avancer sur le chemin de la vie.

Lorsque l'on a compris la nature de la singulière « cécité » qui est la nôtre quand nous sommes conduits à travers les crises de notre vie par un « bon ange », on comprend également cet autre fait singulier qui va décider de la suite des événements : Raphaël modifie de lui-même le but et la mission du voyage et conseille à Tobias de passer la nuit chez Ragouël et de demander sa fille en mariage (Tb 6, 11.12). Prendre le chemin de la vie, c'est d'abord accomplir et continuer ce dont votre « père » vous a chargé ; au début, on n'a pas de projet propre, et on ne peut pas en avoir. On ne choisit pas les buts véritables de sa vie : ils se manifestent d'eux-mêmes, comme le dit le livre de Tobit, par la voix d'un Raphaël. Mais voilà que le monde se transforme : ce qui apparaissait jusqu'alors comme un moyen, un bout de chemin, devient subitement le but ; ce vers quoi nous pensions nous diriger fermement quelques instants auparavant devient soudain un détail accessoire, qui se règle de lui-même. Nous croyions chercher de l'argent et découvrons soudain la richesse de l'amour ; et *a posteriori* ces renversements de valeurs correspondent justement aux moments où – en termes bibliques – un ange de Dieu est entré dans notre vie.

La suppression de la démonisation de l'amour.

Rien ne nous empêche d'interpréter le déroulement apparent des faits survenus dans la maison de Ragouël en disant que Tobias a passé la nuit à Ecbatane, où il a rencontré la belle et malheureuse Sara, dont le sort lui inspira tant de pitié et d'intérêt qu'il eut le courage de s'approcher d'elle au mépris de toutes les mises en garde, et qu'il réussit à s'introduire auprès de la farouche jeune fille. Cependant, on n'a précisément pas affaire à une considération purement psychologique. Au contraire, dans le livre de Tobit, tout vise à montrer sans cesse comment ce qui semble être purement « humain », purement « psychologique », est en fait uniquement l'œuvre de Dieu [28]. Bien sûr, en adoptant un point de vue extérieur, on pourrait dire tout simplement que Tobias est « tombé amoureux » de la malheureuse Sara. Mais si on l'exprimait ainsi, la « chose » deviendrait-elle plus compréhensible ? Ne perdrait-on pas la signification primordiale du livre de Tobit, à savoir que l'amour est pour Tobias un don de Dieu, un signe de Dieu auquel il ne doit pas se fermer, à moins de compromettre son salut et celui de la jeune fille ? Et surtout, n'oublierait-on pas que Tobias, de lui-même, aurait suivi la voix de son *angoisse*, et non celle de son cœur ? Conduit par les paroles de l'« ange », il reconnaît certes son affinité intime et son lien profond avec Sara (Tb 6, 12) ; mais la jeune fille lui est étrangère, elle est inquiétante et lui inspire une peur mortelle (Tb 6, 14.15). Être amoureux signifie pour lui être exposé au danger de se livrer à un démon et de courir peut-être à sa perte.

D'un point de vue psychanalytique, on peut émettre certaines hypothèses qui étaient déjà suggérées lorsque Tobias tue le poisson (Tb 6, 2.3) : on pourrait songer à une peur œdipale, quasi incestueuse, de la femme en tant que mère. On pourrait introduire ici certaines notions : angoisse de castration, impuissance et notions analogues [29]. Mais ce serait à nouveau méconnaître la nature profondément *religieuse* du problème donné. Pendant les millénaires de l'histoire de la religion, on a considéré Éros comme un démon ou un dieu se jouant des hommes et les transformant en marionnettes dociles de son théâtre comique ou tragique [30]. Pendant tous ces millénaires, on a considéré la *femme* comme l'incarnation de la Grande Déesse qui donne tout et engloutit tout, qui ravage l'homme dans l'ivresse des sens pour l'abandonner vidé de sa substance [31]. Il a fallu, dans l'histoire des religions, l'apparition du monothéisme juif pour établir la puissance de l'amour en tant que force de l'âme humaine et lui ôter son caractère de puissance supérieure démoniaque. De la même façon, il faut, dans l'histoire de chacun d'entre nous, la foi absolue en Dieu pour que nous perdions le sentiment d'être livrés sans retour à une force, et pour exorciser la peur qui, depuis Adam et Ève, ravale et accable la relation entre les sexes (Gn 3, 16 [32]). L'amour entre deux personnes n'est possible que si elles cessent d'éprouver une peur élémentaire réciproque, si l'autre perd son caractère de démon ou de tentateur donnant la mort. C'est ce que montre le livre de Tobit, renvoyant ainsi à une psychologie de l'angoisse, dont la résolution ne peut venir que de Dieu [33]. Tobias a besoin des paroles de l'ange de Dieu, et toute parole de son accompagnateur vient confirmer son nom, son essence : « Dieu guérit » — « et lui *seul* », doit-on ajouter.

Tobias exprime de façon significative sa peur de Sara sous la forme d'un souci au sujet de ses parents (Tb 6, 15) : s'il était tué par le démon de Sara, déclare-t-il, ses parents mourraient de douleur. On peut percevoir ici, en filigrane, le désir de rester l'enfant unique et chéri de ses parents, et l'on est en droit de supposer que les deux motifs, la peur du démon de Sara et le souci de la santé de ses parents, vont de pair. Tant que Tobias se sent avant tout le fils de ses parents, tant qu'il est intérieurement attaché au foyer familial, Sara en tant que femme ne peut lui apparaître que sous des traits démoniaques effrayants.

S'il restait prisonnier de cette attitude, il se trouverait alors dans un cercle vicieux : par peur de Sara, il devrait s'enfuir et retourner dans le giron familial, et cette fuite renforcerait à son tour sa peur de Sara.

Les paroles par lesquelles Raphaël brise le cercle vicieux de la peur en train de se former sont d'autant plus importantes. Avec beaucoup de tact – si l'on peut parler de tact pour un « ange » –, Raphaël a recours à la force du lien qui unit le jeune homme à ses parents, et il rappelle à Tobias qu'au fond il accomplirait précisément la volonté de son père s'il était prêt à épouser Sara (Tb 6, 16). Ainsi, ce lien qui pourrait enchaîner Tobias et le ramener en arrière reçoit dans les paroles de l'« ange » le caractère d'une mission qui le fait aller de l'avant. Comme dans la scène symbolique de la pêche, Raphaël se contente de nouveau de dire : « vas-y ! saisis l'occasion ! » ; mais ce qui était alors un exercice préparatoire symbolique reçoit à présent un sens et devient réalité. Il s'agit maintenant de « laisser » définitivement « son père et sa mère », selon le commandement de Gn 2, 24, pour devenir intérieurement capable de « s'attacher à sa femme [34] ». Les paroles de Raphaël empêchent Tobias de ressentir le fait de « laisser son père et sa mère » comme une rupture intérieure. Au contraire, ainsi que Raphaël le lui fait entendre, il peut agir conformément aux volontés de son père, s'il ose à présent aimer Sara. Et l'on peut de nouveau penser, dans l'esprit du livre de Tobit, que c'est là précisément la manière dont Dieu conduit et dirige notre vie : il évite les disharmonies intérieures et les rejets dus à la peur et nous construit des passerelles là où, sinon, notre développement serait marqué par la rupture et la discontinuité.

C'est ainsi que Raphaël donne du courage à Tobias, peureux et hésitant. Si l'on pouvait jusqu'alors avoir quelque raison de qualifier d'« œdipale » l'attitude de Tobias d'un point de vue psychanalytique, il apparaît à présent, contrairement à l'opinion de S. Freud sur l'enracinement de la religion patriarcale dans le complexe d'Œdipe [35], que les peurs œdipales sont avant tout balayées par la confiance en Dieu (Tb 6, 16). C'est ici seulement que l'on découvre ce que vaut la foi de Tobias et ce qu'elle est capable d'accomplir. En effet, c'est seulement grâce à la confiance en Dieu que le personnage de Sara cesse d'apparaître comme un démon féminin dévoreur d'hommes pour revenir à de justes proportions : celles d'une jeune femme belle, aimable, dont on se sent proche. C'est la foi qui permet à Tobias d'éprouver des sentiments humains ; il faut donc l'intervention d'un ange aux traits humains pour que Tobias soit libéré de la peur et puisse ainsi, cette nuit-là, devenir un homme, sans qu'il y ait de destruction ni de rupture dans le processus de maturation.

Certes, la peur que ressent Tobias devant Sara ne peut s'expliquer de façon purement subjective, du point de vue du jeune homme. La difficulté tient justement au fait que Sara est elle-même soumise à la contrainte de défendre sa virginité au cours de la nuit de noces par des moyens meurtriers. On doit donc se demander si Tobias peut la délivrer de sa peur, et comment il peut le faire. L'épreuve est donc différente de celles que nous trouvons dans les contes et les mythes. Il y est très souvent question d'une jeune fille ensorcelée qui ne sera donnée pour épouse qu'à celui qui surmontera certaine épreuve mettant sa vie en danger, épreuve à laquelle sept prédécesseurs déjà ont échoué [36]. À l'arrière-plan de ces récits, on parvient généralement à déterminer que c'est le père de la fiancée, déguisé en dragon, en maréchal, en fantôme, mais qui apparaît aussi bien souvent sous ses propres traits, qui impose au prétendant cette épreuve mortelle, afin d'empêcher celui qui pourrait devenir son gendre d'arriver jusqu'à sa fille [37]. Dans la plupart de ces histoires, le père de la fiancée est une projection du complexe d'Œdipe, dans la mesure où la situation est au fond celle du fils bravant la résistance de son père pour la possession de sa mère. Or ici, dans l'histoire de Tobias, le problème se pose de façon plus nuancée. En effet, Tobias ne doit pas seulement faire preuve de lucidité sur son attachement à sa mère – son propre complexe d'Œdipe – mais il doit surtout libérer Sara de sa crainte. Après avoir été lui-même délivré de sa peur par les paroles de Raphaël, il doit vaincre à présent la difficulté qui consiste à s'approcher de Sara sans provoquer chez la jeune fille sa réaction habituelle, ô combien fatale.

Dans le cas de cette mission aussi, *Raphaël* sait comment agir. En effet, sous sa conduite, Tobias a déjà acquis les conditions nécessaires pour résoudre le problème. Pour le dire de façon imagée, il possède déjà le cœur et le foie du poisson, que nous avions interprétés auparavant comme « l'aspect intérieur » du désir pulsionnel symbolisé par le poisson. Au bord du « fleuve » Tigre, dans une confrontation avec son inconscient, Tobias a appris comment prendre en main ses passions afin de tirer le sens « organique » qu'elles renferment, au lieu de se contenter de les satisfaire de manière purement extérieure. Tout cela était nécessaire, pour qu'il ne fût pas lui-même englouti par ses énormes pulsions. Mais, pour l'amour de Sara, il faut accomplir davantage encore. Ainsi que l'explique Raphaël, les organes internes du poisson exigent une préparation spécifique : ce n'est qu'en les brûlant avec de l'encens que l'on pourra chasser définitivement le démon de Sara.

Que certaines fumées aient une influence sur le monde aérien des esprits est une croyance de la magie primitive dont témoignent de nombreux exemples[38]. Mais toute magie n'est efficace que par la puissance intérieure qu'elle exerce sur la *psyché* humaine. C'est pourquoi il doit exister une correspondance intérieure symbolique entre l'acte magique et l'objectif que l'on souhaite atteindre. Il ne s'agit donc pas tout simplement de chasser Asmodée, l'esprit mauvais, au moyen d'essences nauséabondes ; mais brûler les organes du poisson est manifestement un acte chargé d'une signification symbolique qui rend cette action propre à conjurer le démon qui persécute Sara. Nous avons reconnu dans le poisson, entre autres, un symbole phallique, et compris la « possession » de Sara par le démon comme une angoisse sexuelle : le fait de brûler les organes internes du poisson s'accorde bien à cette image. On est en effet porté à croire qu'il n'y a qu'un moyen de conjurer l'angoisse qu'éprouve Sara à la pensée que son fiancé va s'approcher d'elle au cours de la nuit de noces : il faut que la « sexualité » lui apparaisse tout d'abord sous une forme « évaporée », spiritualisée, donc sublimée, et que le démon de l'angoisse mortelle et du désir de tuer qui en résulte se « volatilise » ; Sara sentira alors pour la première fois que, foncièrement, l'autre ne pense pas « qu'à ça ». Pour réunir les conditions de cette expérience, il fallait vraiment que Tobias réussisse l'épreuve symbolique consistant à tuer le poisson ; et pour que Sara en soit convaincue, cet acte de complète spiritualisation des sentiments est nécessaire.

C'est pourquoi Raphaël a raison de proposer, comme seconde mesure pour chasser l'esprit mauvais, une prière commune (Tb 6, 18). Car pour Tobias comme pour Sara, le tout est de trouver un appui commun qui leur permette d'aller l'un vers l'autre sans avoir l'esprit troublé par les déformations démoniaques que crée la peur. Avant même qu'il ne soit question d'amour et de « sexualité », tous deux doivent se rejoindre dans un point de repère commun, grâce auquel chacun puisse vivre et être lui-même. Le passage de Tb 8, 6.7 va aussitôt montrer les conséquences de cet élan commun vers Dieu. Tobias et Sara se trouvent en s'inclinant l'un et l'autre devant la personne absolue de Dieu : ils peuvent se sentir portés et encouragés par Sa volonté dans leur balbutiante tentative de s'aimer. « Ce n'est pas un désir illégitime, déclare Tobias devant Dieu, qui me fait épouser ma sœur [39] que voici, mais le souci de la vérité. » Pour des personnes aussi accablées que Sara, des années peuvent s'écouler avant qu'une telle phrase ne soit considérée digne de foi et ne soit véritablement acceptée [40]. La scène de la nuit de noces décrite dans le livre de Tobit concentre en un seul instant l'expérience d'efforts innombrables. La vie tout entière, dans laquelle Tobias et Sara s'engagent à présent, n'aura de stabilité que si elle est placée sous le signe de cette communauté de pensée rendue possible et maintenue par la foi. L'essentiel dans les expériences que vivent Tobias et Sara pendant leur nuit de noces apparaît ainsi d'autant plus clairement : c'est à partir de Dieu seulement que deux personnes peuvent se trouver et supprimer la peur créée par la démonisation – ou la divinisation – réciproque ; c'est à partir de Dieu seulement qu'elles peuvent faire éclater l'univers des esprits et des fantômes ; et c'est en Dieu seulement qu'elles peuvent apprendre à se percevoir et à s'aimer elles-mêmes en tant que personnes. En d'autres termes, toute l'histoire d'Israël, qui connaît l'exil hors de l'univers des rois-dieux et l'esclavage angoissant d'êtres humains, doit être vécue et subie par chacun dans son propre parcours biographique, qui n'est celui d'aucun autre, avant qu'il ne parvienne à sa pleine mesure de liberté et d'humanité, à sa capacité d'amour. La foi en Dieu met fin même à la transformation de la « sensualité » en une puissance autonome fatale. Une fois la peur éliminée, il ne reste plus rien en l'homme qui ne soit fondamentalement humain. Dans la mesure où Dieu est, l'homme commence à être.

Ainsi, ce qui se produit cette nuit-là sous la protection de « Raphaël » ressemble véritablement à un miracle divin, bien que ce soit en même temps la plus profonde de toutes les expériences humaines. Une femme comme Sara et un homme comme Tobias ne peuvent aimer que d'un amour venu du ciel : un amour conçu et éclos d'innombrables rêves, formé dans une tendresse immatérielle et vécu comme une spiritualisation de l'univers, comme une fusion de l'âme, enveloppée de la grâce divine ; un amour où il n'y a plus de « bas » et de « haut », d'« inférieur » et de « supérieur », de « sensuel » et de « spirituel », mais uniquement la sensation que l'existence tout entière est bonne et voulue par Dieu dans la présence et l'union avec le partenaire de cet amour. C'est la fusion de tous les rêves avec la réalité, la fin du carcan des tabous créé par l'angoisse, le commencement d'une vie par-delà l'attachement aux parents et la division intérieure. « Raphaël », peut-on dire aussi, signifie que Dieu protège et bénit ceux qui s'aiment, et qu'il est vraiment présent dans le cœur de celui qui, par la force de son amour, devient par toute son existence une bénédiction divine pour nous.

La suite de l'histoire de Tobit est vite racontée et quelques pistes suffisent pour l'interpréter. Il convient de souligner que, après les paroles de Raphaël, Tobias demande de lui-même la main de Sara, en dépit de toutes les objections de son beau-père Ragouël (Tb 7, 9.12). On peut évaluer le caractère d'un homme d'après la rapidité (ou la lenteur) à mettre en pratique un jugement. Chez Tobias, cela va très vite. Il a compris la vérité des paroles vitales de Raphaël et ne veut plus retourner en arrière. Il a reconnu ce à quoi il était destiné, la direction de sa vie (Tb 6, 18), et il agit en conséquence. Les hésitations de Ragouël, l'ambivalence de ses singulières préoccupations au sujet de son gendre (Tb 8, 10) ont déjà été analysées. Nous pouvons inclure parmi les leçons les plus importantes de notre récit celle-ci : certaines personnes peuvent être deux choses à la fois, ou deux choses à la suite, des pères dévoués et des assassins de minuit, des êtres aimants et des destructeurs, des hommes généreux et des monstres dévorants. Le long cheminement du livre de Tobit n'a qu'un seul but : tenter de montrer que devant Dieu, même cette contradiction inscrite dans notre condition humaine peut trouver la guérison et l'unité.

Nous pouvons passer sur l'épisode au cours duquel Raphaël va chercher chez Gabaël en Médie la « somme d'argent » prêtée, accomplissant ainsi la véritable mission confiée par le vieillard Tobit (Tb 9, 5). Si nous nous contentons de faire ce qui, dans notre for intérieur, nous semble nécessaire et déterminant du point de vue de Dieu, nous recevrons « en plus », intérieurement et extérieurement, ce dont nous avons besoin (voir Mt 6, 33). Tel est le message d'espoir que contient ce texte. Il se peut que nous sortions pour régler telle affaire ou pour récolter tel gain extérieur ; soudain, nous sommes intérieurement poussés vers quelque chose de plus important et de plus essentiel pour nous-mêmes. Si nous passions à côté, même le gain extérieur ne nous serait pas d'une grande utilité en fin de compte ; pour reprendre l'image du livre de Tobit, nous resterions malades et aveugles. Inversement, si nous suivons cet appel intérieur à aller vers l'essentiel, au point d'en oublier peut-être pour un bon moment notre idée première, nous ne perdrons finalement pas grand-chose. Au contraire, nous recevrons un « don » du ciel : c'est l'« ange de Dieu » qui va chercher l'« argent » chez Gabaël. Si nous apprenons l'amour, nous retrouverons en plus les trésors perdus de notre âme, qui gisent dans la force de notre être propre.

Le retour,
ou la fin de l'aliénation

Dans les contes et les mythes, le thème final du *retour à la maison* revêt une signification particulière. Il exprime le retour à soi-même, le moment où les extrêmes se rejoignent et où le processus de quête de soi touche à sa fin. Complété par l'image des noces sacrées [1], du joyeux retour à la maison de la fiancée délivrée, il décrit la fin d'un long et laborieux développement pour trouver sa propre personnalité. Et dans la vie, il se produit souvent ce que dépeint notre récit : juste avant que le cheminement de la guérison intérieure ne touche à son but, on est soudain pris d'une tristesse désespérée, causée par l'impatience, la déception ou le sentiment d'avoir attendu trop longtemps. C'est précisément au moment où le salut est objectivement à portée de main qu'il semble, subjectivement, que l'on n'ait définitivement plus rien à attendre, que tout soit fini, vain, perdu (Tb 10, 1-3). Juste avant la délivrance qui vous sauve, il n'est pas rare que naisse le sentiment d'avoir finalement tout fait de travers, comme s'il aurait été nécessaire de tout faire autrement, comme si l'on avait irrémédiablement perdu son « fils », ce personnage central, symbole de son être propre et de son espérance propre [2] (Tb 10, 5.7). Dans de tels moments, comme Anna, la femme de Tobit, on ne quitte pas des yeux un chemin sur lequel plus rien ne semble venir vers nous (Tb 10, 7) ; et cependant subsiste en vous une autre voix, comme celle du vieux Tobit qui refuse malgré tout de se laisser aller au désespoir (Tb 10, 6), même si cela ne dissipe pas encore la tristesse.

Si l'on veut donner à l'image du « retour à la maison » un contenu tiré de l'expérience subjective, le mieux est de reprendre les paroles que prononcent tous ceux qui ont vécu cela. Tous ceux qui sont parvenus au but dans leur quête d'eux-mêmes vous diront ceci : « Je m'étonne moi-même de faire aujourd'hui la même chose qu'il y a dix ans ou plus ; au fond, je fais la même chose qu'autrefois, mais simplement je le fais sans angoisse, spontanément, de sorte que je suis pleinement à ce que je fais. Ce que je dis et fais aujourd'hui, c'est vraiment moi ; ça vient de moi et ça m'appartient. Dans le passé, j'ai acquis beaucoup de capacités sous la pression des autres, simplement parce que j'avais peur d'eux et que je voulais me conformer à leurs volontés. Aujourd'hui, je n'ai plus besoin de cela ; mais tout ce qui m'a été inculqué à l'époque n'était pas mauvais en soi ; ces choses-là peuvent m'être tout à fait utiles aujourd'hui, si je les remplis de ma vie propre. » Voilà exactement ce que signifie le retour à la maison : tout est comme avant, mais après un chemin long et périlleux on peut à présent se sentir chez soi, on peut commencer une vie propre, là où l'on n'était auparavant qu'un enfant, un esclave, une vie vécue.

Tout ce qui était est bon : cette découverte du « retour à la maison » est vraiment ce qui ouvre les yeux (Tb 11, 8.12.13). C'est se méprendre gravement que de ne considérer la guérison miraculeuse de Tobit, à la fin de l'histoire, que comme le résultat d'une pratique médicale de l'Orient ancien. Car ce n'est pas d'art médical ni de l'efficacité du fiel de poisson qu'il s'agit, mais de parole d'ange (Tb 11, 7) et de guérison divine. Celui dont les yeux ont dû se fermer pour avoir vécu trop de détresse, de souffrance et de discorde intérieure ne pourra les ouvrir qu'en apercevant un nouvel espoir. La vue recouvrée de Tobit est l'image d'une nouvelle vision du monde, où notre propre vie peut nous apparaître plus claire, plus transparente, et de plus belle « apparence ». Le « retour à la maison » montre que même ce que l'on ne « pouvait pas voir » jusqu'à présent avait pourtant un sens, que cela avait du bon ; on apprend que la souffrance elle-même était inscrite dans un projet de développement plus profond, où rien n'était superflu ni déplacé. Grâce à cette image, on apprend à se voir à nouveau soi-même, et à partir de ce moment-là, il n'y a plus rien devant quoi on devrait fermer les yeux. Après tant de souffrance, d'aliénation, de tourment et de bonne volonté, nos yeux ne s'ouvrent que pour nous permettre de comprendre finalement ceci : sur le chemin de notre vie, Dieu était notre guide et notre soutien (Tb 12, 15).

La conclusion véritable du livre de Tobit, comme celle du cheminement intérieur qui conduit à la guérison, c'est que Dieu se dévoile dans notre vie. Tout ce qui survient sur le chemin de notre vie nous semble tellement aléatoire et humain, trop humain ; certaines choses nous paraissent tellement vaines et d'une absurdité douloureuse. Mais l'essentiel, c'est que nos yeux finissent par s'ouvrir pour voir que Dieu nous a secrètement conduits, qu'il nous a accompagnés en toute chose sans que nous le remarquions. Cela, nous ne pouvons le comprendre dès le départ, notre vie future ne semble dépendre que de nos propres projets ; mais nous pouvons cependant, de temps à autre, percevoir en nous la voix qui nous guide et nous dirige tel un ami véritable : en surmontant la peur qui barre sans cesse le chemin de notre vie, nous pourrons parvenir jusqu'au but, jusqu'à la découverte de Dieu. Nous serons alors en harmonie avec nous-mêmes, et notre foyer deviendra le lieu où l'« ange de Dieu », Dieu en tant que Sauveur, se révèle dans la force de notre être propre.

La guérison de l'homme pieux et le salut de la religion

Le livre de Tobit décrit ce miracle qui survient dans notre vie, comme nous l'avons vu, en se référant à la matière et aux thèmes très anciens des contes et des mythes de tous les peuples, non pas pour dire que le chemin de notre guérison relève lui-même du conte ou du mythe ; au contraire, l'univers de la peur, de la démonisation mythique est précisément brisé par l'attitude de la foi telle qu'elle est décrite dans le livre de Tobit. Dans les couches profondes de l'âme humaine, où se jouent le bonheur et le malheur, il faut manifestement que se produise régulièrement une certaine succession de motifs pour marquer qu'une personne s'éveille à elle-même. Les images qui décrivent le « processus d'individuation » (C. G. Jung) sont profondément ancrées en l'homme. Le livre de Tobit les reprend pour les rendre transparentes dans leur rapport à Dieu. Il est important de comprendre l'analogie et la différence qui existent ici. Ainsi, d'un point de vue psychanalytique, on pourrait reconnaître dans le fiel de poisson qui ouvre les yeux de Tobit le pendant de la fiente qui l'a rendu aveugle : si l'on comprend les oiseaux comme le symbole d'une réduction aux seules valeurs spirituelles, on peut interpréter le fiel de poisson comme une image de la vitalité, de la vraie vie intérieure. Cependant, ce qui est en jeu dans le livre de Tobit, ce n'est pas seulement l'union des contraires dans l'âme humaine (esprit et pulsion, conscient et inconscient), mais fondamentalement l'union de l'homme avec Dieu, la dissipation de la peur qui ne cesse d'entraver l'homme dans les tâches qu'il doit accomplir. Cette peur doit être surmontée à partir de Dieu si l'on ne veut pas sombrer dans le désaccord avec soi-même. Il s'agit donc ici de l'expérience profondément intérieure de cette vérité : là où un homme obtient son salut, c'est au fond toujours Dieu qui est à l'œuvre ; les yeux de celui qui a été guéri et sauvé s'ouvrent pour comprendre après coup que c'est toujours Dieu qui guérit et sauve.

C'est pourquoi le livre de Tobit s'achève sur un cantique de reconnaissance, une prière (Tb 13), et sur l'assurance que la droiture et la sincérité ont de la valeur aux yeux de Dieu (Tb 14, 11). Dans aucun autre livre de l'Ancien Testament, Israël n'a décrit avec une telle vérité psychologique le danger qui le menaçait dans sa solitude et sa vulnérabilité au milieu de tous les peuples. Nulle part ailleurs il n'a dépeint avec un tel courage le danger intérieur d'une fidélité à la Loi reposant uniquement sur la volonté et la raison. Dans ce récit, il a eu le courage de mettre face à face la pétrification qui menace une vieillesse pieuse et l'angoisse mortelle qui peut accabler une jeunesse pieuse. Il les a décrites l'une et l'autre comme une aporie, de sorte que parvenir à instaurer entre ces deux extrêmes un cheminement, un processus de guérison intérieure, une liaison entre l'ancien et le nouveau, entre la vieillesse et la jeunesse, entre la tradition des Pères et l'avenir, entre la foi et la réalité, semblait réellement résulter d'un miracle. On voit se dessiner d'autant plus nettement sur ce fond sombre l'expérience vraie qui soulage les tragédies et les tourments de l'âme pieuse : c'est l'assurance et la certitude que Dieu, à condition de lui rester fidèle, nous apparaîtra au bout du compte sous les traits de « Raphaël », du « Dieu qui guérit ». Et la mesure de notre foi deviendra alors le critère pour juger de nos qualités humaines et de notre capacité d'amour.

Cette consolation demeure pour Tobit, pour Israël, et

pour tous ceux qui croient en Dieu. La foi se trouve dans un monde qui s'est totalement détourné de Dieu, un monde où les bien-pensants, précisément, courent le danger de se figer dans la caricature de l'entêtement et de l'ergotage, dans un terrible système d'angoisses névrotiques et d'appauvrisssement de la vie, et de personnifier la division intérieure et l'auto-aliénation. Le livre de Tobit exprime la conviction qu'humainement aussi, cela vaut la peine de croire en Dieu, et que l'ensemble même des qualités humaines a sa justification profonde dans le fait que Dieu existe et qu'il apparaît au croyant comme compagnon de sa vie. Ni les attaques, ni la tristesse, ni la lutte, ni la détresse ne sont épargnées au croyant ; mais cela vaut la peine de persévérer et d'attendre l'« ange » de Dieu.

Ainsi, dans un moment de détresse et de division de l'âme extrêmes, Israël nous a laissé une vision qui reste éternellement vraie, chaque fois que des hommes s'efforcent de trouver la vérité sur le chemin de Dieu et qu'ils sont perdus. En utilisant le langage des contes pour décrire comment les hommes pieux peuvent être délivrés de leur piété angoissée, il ouvre la voie à une vision de l'homme qui serait vraiment celle d'un « conte de fées ». Parmi ceux qui se confient en Dieu, les chrétiens en particulier peuvent être séduits par l'idée de considérer leur Rédempteur comme une figure accomplie de l'« ange » Raphaël, le modèle et la réalisation d'une humanité dans laquelle le ciel et la terre se touchent, et les contraires disparaissent. En tout cas, les images du chemin rédempteur du Christ renferment les mêmes archétypes que le livre de Tobit : la baignade dans le fleuve et le danger de périr dans le ventre du poisson se rapportent à la signification symbolique du baptême, de la mort et de la résurrection dans la vie de Jésus, la gueule du poisson devant être interprétée comme l'entrée des enfers, à l'instar des représentations que l'on peut en voir sur les portails des églises gothiques. Dans la vie du Christ, la jeune fille bouleversée par un esprit malin, c'est l'humanité tout entière : seuls les insignes du combat mené par le Rédempteur jusqu'à la mort lui permettront de retrouver la liberté, l'humanité et la beauté qu'elle avait perdues. Alors, sous le signe du poisson, que les premiers chrétiens interprétaient comme le symbole de leur confession de foi, les yeux de l'humanité tout entière s'ouvriront et elle verra qu'il n'est pas en son pouvoir, mais en celui seul de Dieu, de vaincre l'angoisse de tous les humains. Dieu est le salut, c'est cette certitude qui nous fait vivre. Mais pour nous chrétiens d'aujourd'hui, qui sommes, tels les juifs de la *diaspora*, jetés dans un monde où la foi perd de plus en plus son caractère de modèle et semble seulement ridicule, qui parvenons difficilement, comme Tobit et Sara, à éviter que nos qualités humaines ne s'étiolent dans notre foi en Dieu, puisse le message laissé par le livre de Tobit être pour nous une confession de foi et un héritage durables. Dans chaque vie humaine qui s'efforce de rester fidèle à Dieu, si brisée soit-elle, Dieu lui-même, par-delà l'angoisse, en silence, et de façon d'abord imperceptible, œuvrera à notre salut et notre guérison, y compris dans notre simple humanité. Entre se trouver soi-même et croire, entre la psychothérapie et la religion, il n'existe au fond aucune différence, dans la mesure où l'une est enracinée dans l'autre [1]. Cependant, quelle est la longueur du chemin que doit parcourir toute « vieille » religion pour retrouver sa « jeunesse » et combattre sa propre rigidité en réapprenant l'amour ?

NOTES

Abréviations des principaux ouvrages d'Eugen Drewermann cités.

AR — *L'Amour et la Réconciliation* (*Psychanalyse et théologie morale,* II), trad. Jean-Pierre Bagot, Paris, Éd. du Cerf, 1992.

BC — *« La Boule de cristal », Interprétation psychanalytique,* trad. Annick Yaiche, Paris, Éd. du Cerf, 1993.

DF — *Der tödliche Fortschritt. Von der Zerstörung der Erde und des Menschen im Erbe des Christentums* (Le progrès mortel. Destructions de la terre et de l'homme dans l'héritage du christianisme), Ratisbonne, Friedrich Pustet, 1981 (6e édition augmentée, 1990).

DV — (en collaboration avec I. Neuhaus) *Der goldene Vogel. Grimms Märchen tiefenpsychologisch gedeutet* (« L'Oiseau d'or. » Conte des frères Grimm à la lumière de la psychologie des profondeurs), Olten-Fribourg, Walter, 1982 (8e éd. 1991).

KC — *Der Krieg und das Christentum. Von der Ohnmacht und Notwendigkeit des Religiösen* (La guerre et le christianisme. De l'impuissance et de la nécessité du religieux), Ratisbonne, Friedrich Pustet, 1982.

MS — *Le Mensonge et le Suicide* (*Psychanalyse et théologie morale,* III), trad. Jean-Pierre Bagot, Paris, Éd. du cerf, 1992.

NR — *« Neigeblanche et Roserouge », Interprétation psychanalytique,* trad. Catherine Mazellier-Grünbeck, Paris, Éd. du Cerf, 1993.

PF — *La Peur et la Faute* (*Psychanalyse et théologie morale,* I), Paris, Éd. du Cerf, 1992.

PM — *Psychoanalyse und Moraltheologie,* 3 vol. Mayence, Matthias Grünewald, 1982-1984 ; t. I, *Angst und Schuld,* Mayence, 1991, 10e éd. ; t. II, *Wege und Umwege der Liebe,* Mayence, 1991, 8e éd. ; t. III, *An den Grenzen des Lebens,* Mayence, 1990, 4e éd.

SB *Strukturen des Bösen* (Les structures du mal), Paderborn, Ferdinand Schöningh, 1978 :
t. I, *Die jahwistische Urgeschichte in exegetischer Sicht* (Le récit « jahviste » de l'histoire des origines du point de vue exégétique) (6ᵉ éd. 1987) ; – t. II, *Die jahwistische Urgeschichte in psychoanalytischer Sicht* (Le récit « jahviste » de l'histoire des origines du point de vue psychanalytique) (5ᵉ éd. 1985) ; – t. III, *Die jahwistische Urgeschichte in philosophischer Sicht* (Le récit « jahviste » de l'histoire des origines du point de vue philosophique) (6ᵉ éd. 1989).

TE *Tiefenpsychologie und Exegese* (Psychologie des profondeurs et exégèse), t. I, *Die Wahrheit der Formen : Traum, Mythos, Märchen, Sage und Legende* (La vérité des formes : rêve, mythe, conte, saga et légende), Olten-Fribourg, Walter, 1984 (8ᵉ éd. 1990) ; t. II, *Die Wahrheit der Werke und der Worte : Wunder, Vision, Weissagung. Apocalypse, Geschichte, Gleichnis* (La vérité des œuvres et des paroles : miracle, vision, prophétie. Apocalypse, histoire, parabole), Olten-Fribourg, Walter, 1985 (6ᵉ éd. 1990).

PRÉAMBULE

1. Voilà pourquoi, méthodologiquement, il convient d'adopter une interprétation qui diffère fondamentalement de la problématique historico-critique. Il ne suffit pas de constater que « ce livre ne contient naturellement pas une histoire réelle, [qu']il n'était pas du tout dans l'intention de l'auteur de faire œuvre d'historien » (M. LÖHR : « Das Buch Tobit », dans E. KAUTZSCH, *Die Apokryphen und Pseudepigraphen des Alten Testamentes,* 2 t., t. I : *Die Apokryphen des Alten Testamentes,* Darmstadt, 1962 [1re éd. 1900], p. 136). L'essentiel est plutôt de rendre compte de la *vérité de la légende en tant que forme d'expression.* Cela suppose avant tout de laisser de côté la question purement rationnelle de l'intention locutoire subjective de l'auteur. Si l'on considère cette question, il est peut-être important que « l'objectif poursuivi [par l'auteur] ait été d'exhorter et d'édifier ses contemporains grâce à l'idée que l'homme pieux, qui reste pieux, c'est-à-dire qui observe strictement les commandements moraux, et surtout rituels, de Dieu, dans le malheur et parmi les païens, est miraculeusement guidé par Dieu et couvert de récompense » (*ibid.,* p. 136). Mais le livre de Tobit montre précisément que même les bonnes intentions peuvent elles-mêmes conduirent à l'échec de façon tragique; de plus, il se nourrit de pressentiments et d'expériences qu'il ne peut exprimer avec des moyens rationnels et selon les catégories de l'entendement. Parce que son message ne peut être transmis dans un langage réflexif, didactique, et que sa vérité se situe davantage dans l'inconscient que dans le conscient, il nécessite et utilise la forme d'expression symbolique des motifs de légendes et de contes. Leur sens ne peut être découvert que par des questionnements psychanalytiques, et non des questionnements historiques. D'ailleurs, la nécessité de procédés d'interprétation recourant aux

symboles, précisément pour le livre de Tobit, a été ressentie de tout temps par les exégètes ; voir l'analyse fort utile que fait J. Gamberoni dans son ouvrage d'histoire exégétique, *Die Auslegung des Buches Tobias in der griechisch-lateinischen Kirche der Antike und der Christenheit des Westens bis zum Jahre 1600,* Munich, 1969. Dans une exégèse fondée sur la psychologie des profondeurs, on verra même que la prépondérance unilatérale de l'entendement et le moralisme de la piété sont les toutes premières causes des dangers psychiques dont le livre de Tobit se propose de décrire la guérison.

2. La validité intemporelle du message que renferment les récits de légendes ou de contes est contenue dans leurs images. Comme c'est le cas dans d'autres contes et légendes, tel détail sociologique ou psychologique du livre de Tobit se prête à certaines reconstructions historiques. Ainsi, les représentations de démons ou d'anges, tout comme l'idéal de l'homme fidèle à la Loi, assorti de lamentations au sujet de ses coreligionnaires oublieux de leur devoir, doivent dater du IIe siècle av. J.-C. Puisque Tb 14, 5 compare le temple insignifiant de Serubbabel avec le futur Temple messianique, que l'auteur donc ne connaît pas encore le temple d'Hérode, le livre de Tobit doit avoir été écrit entre 175 et 25 av. J.-C. Le lieu de rédaction est sans doute à chercher en dehors d'Israël, peut-être en Égypte : c'est là que le démon Asmodée s'enfuit, et l'enthousiasme pour Jérusalem est caractéristique du judaïsme de la *diaspora.* Mais tout en évoquant de manière fictive une époque revolue dans un lieu reculé, l'auteur a manifestement en tête un problème qui ne peut se limiter à aucun lieu ni à aucune époque. Les motifs de contes qu'il utilise dans son récit exigent précisément une interprétation qui ne limite pas historiquement leur thématique, mais qui saisisse sa portée pour l'humanité tout entière. La véritable question de l'exégèse, ce n'est pas « qui *était* Tobit », mais « qui et comment il *est* ». Ce que l'on doit faire à partir d'un récit comme le livre de Tobit, ce n'est pas une « reconstruction » de faits et d'« intentions locutoires », mais une retranscription vivante, qui ne laisse de côté aucun détail du récit.

PORTRAIT D'UN HOMME PIEUX AVANCÉ EN ÂGE

1. Au fond, il n'est pas très utile pour interpréter les traits spécifiquement *légendaires* et leur signification psychologique d'essayer d'établir pour le livre de Tobit, dans une perspective d'histoire de la tradition, trois remaniements d'un document de base avec des intentions locutoires à chaque fois différentes, comme le fait de

manière exemplaire P. DESELAER, *Das Buch Tobit. Studien zu seiner Entstehung, Komposition, Theologie,* coll. « Orbis biblicus orientalis » 43, Fribourg-Göttingen, 1982. Pour comprendre les différents motifs et éléments narratifs, il importe peu de savoir par quels hasards historiques ou littéraires ils ont été de fait reliés entre eux pour former la légende telle que nous la connaissons. Du point de vue de la psychologie des profondeurs, il est autrement plus important de voir comment les différents motifs narratifs se combinent *de l'intérieur* et s'impliquent mutuellement pour former un tout organique. C'est pourquoi ce qui doit être primordial dans l'interprétation de l'histoire de Tobit en tant que légende, ce ne sont pas les aléas historiques de la composition littéraire, mais les exigences thématiques internes de l'association psychique. Il faut donc partir de la *totalité* et de l'unité interne du présent *récit,* dont seuls les passages non narratifs (prières et versets parénétiques) peuvent être négligés. Pour l'interprétation d'un conte ou d'une légende à partir de la psychologie des profondeurs, les différentes variations et traditions d'un thème ne sont pas non plus des versions concurrentes entre elles, mais des façons complémentaires de concevoir un problème qui cherche à exposer sa teneur, inépuisable en soi, de manière aussi exhaustive que possible, au moyen des différentes tentatives de remaniement. De même que le rêve d'une seule nuit combine divers restes de souvenirs d'époques généralement fort différentes pour en faire une unité narrative qui concerne toujours, avec des variantes, le même problème de départ, une légende ou un conte comme l'histoire de Tobit doit être aussi interprété, indépendamment de ses « éléments de construction » conditionnés par l'histoire littéraire, comme une unité organique qui tente de résoudre un conflit central par la seule voie possible : celle du langage *symbolique.* C'est seulement dans le cadre d'une conception symboliste du texte que l'on peut vraiment rendre compte de la *vérité de la forme* d'un récit comme un conte, un mythe, une légende ou un rêve.

2. Pour interpréter un récit qui se présente sous forme de conte ou est proche du conte, la règle première est celle de l'« identification par sympathie » *(Einfühlung).* Il ne s'agit pas seulement d'analyser *quels* sont les différents faits qui nous sont communiqués, mais avant tout de se demander ce qu'ils signifient pour les personnes concernées elles-mêmes, pourquoi elles se comportent ainsi et non autrement, pour quelle raison elles disent ou font telle chose de telle manière précise et à tel endroit précis, ce qu'elles disent et communiquent sur elles-mêmes par leurs paroles et leurs actes. Dans les entretiens psychothérapiques, on ne croit pouvoir comprendre le discours d'un patient que si l'on va au-delà des faits qui nous sont communiqués en extrayant la signification affective contenue implici-

tement dans le discours (voir J. Schwermer, *Psychologische Hilfen für das Seelsorgegespräch,* Munich, 1974, p. 41-43). De même, on ne peut comprendre le texte d'un récit qu'en accordant aux sentiments des personnes agissantes une plus grande importance qu'aux faits extérieurs et aux différentes actions des acteurs principaux. Le procédé de l'interprétation doit donc être celui d'une *méditation sympathique.* À partir de ce niveau d'interprétation seulement, on pourra comprendre que les différents lieux et événements d'une légende ou d'un conte décrivent sous une forme généralement symbolique les états intérieurs et les processus psychiques d'une seule et même personne. C'est pourquoi nous devrons nous efforcer, dans l'interprétation qui va suivre, non seulement de nous identifier aux personnages de Tobit et de Sara, mais de comprendre aussi tout ce qu'ils font et tout ce qui leur arrive comme une partie nécessaire de leur personnalité. On peut trouver une sorte de modèle pour cette manière d'interpréter le livre de Tobit chez M. Lackmann, *Tobit und Tobias. Ein Buch von Ehe und Liebe, Engel und Dämonen, Krankheit und Medizin,* Aschaffenburg, 1971 ; l'auteur décrit surtout la situation d'exil et de solitude (p. 21-29). Cependant, Lackmann ne saisit pas le dilemme psychique de la « piété » de Tobit et Sara ; il tient ainsi la cécité de Tobit pour une simple épreuve supplémentaire infligée par Dieu « au nom du salut d'autres personnes » (p. 34) et prend également trop à la légère la crise que vivent Tobit et Anna. De même, il conçoit l'« ange » Raphaël et le démon Asmodée comme des personnes, de manière objective, sans recourir à la psychologie des profondeurs (p. 58-60 ; 101-104).

3. Sur le concept de « personnalité corporative », dans laquelle la personne d'un individu se fond avec la vie de la tribu (ou plutôt la vie de la tribu est incarnée en la personne d'un individu), voir E. Drewermann, *SB,* t. I, p. xxvii-xxix ; *TE,* t. I, p. 271-298.

4. Voir Ps 3 ; 5 ; 7 ; 9 ; 12 ; 14 ; 17 ; 26 ; 35 ; 36 ; 37 ; 53 ; 54 ; 55 ; 56 ; 57 ; 58 ; 59 ; 64 ; 69 ; 73 et *passim.*

5. M. Buber, *Weisheit und Tat der Frauen* (1929), dans *Werke,* 3 t., Munich-Heidelberg, 1964, t. II, *Schriften zur Bibel,* p. 923.

6. Selon une ancienne représentation, la puissance d'un dieu s'arrête aux frontières de son culte ; en dehors du pays où le dieu est vénéré, on est littéralement en pays « a-thée » ; voir Jg 11, 23 s. ; 2 R 3, 27 ; 1 S 26, 19 s. ; 2 R 5, 17. Voir E. Drewermann, *SB,* t. I, p. 140.

7. Son destin est une sorte de pastiche de Ps 1, 3 et Jr 17, 8.

8. L'*anima* est le contraire du masque de la profession ou du devoir dans la personnalité masculine ; c'est dans l'*anima* que vivent tous les mouvements de l'âme qui, avec les exigences du surmoi, n'ont pas été admis dans le conscient lors de l'adaptation du moi au

monde extérieur. Voir C.G. JUNG, *Types psychologiques,* trad. Y. LE LAY, Genève, Librairie de l'Université Georg et Cie, 1958 (2e éd.), p. 405-411. ; *Dialectique du moi et de l'inconscient,* trad. R. CAHEN, Paris, 1964, p. 152-191. Dans les contes, les mythes, les légendes ou les rêves, l'*anima* d'un homme particulièrement prospère et loyal apparaît généralement sous la forme d'une mégère de peu de valeur, ou plus souvent encore, d'une jeune fille ensorcelée, possédée, et qui aspire en tout cas à être délivrée. Anna, la femme de Tobit (tout comme la femme de Job, voir Jb 2, 9) manifeste un certain pragmatisme qui contraste avec les intentions pieuses de son mari ; mais c'est surtout en Sara que l'on trouve les traits à la fois parallèles et sombres qui correspondent à l'image de l'*anima.* Voir la note 1 du chapitre suivant : « Désespoir de la jeunesse ».

9. Il faut certainement voir dans le fait que Tobit devient aveugle un symptôme psychosomatique, comme pour les aveugles dans le Nouveau Testament. Sur les raisons cachées des troubles visuels psychogènes, voir K. ABRAHAM, *Limitations et modifications du voyeurisme chez les névrosés. Remarques concernant des manifestations similaires dans la psychologie collective,* dans *Œuvres complètes,* 2 t., trad. I. BARANDE, Paris, Payot, 1965, t. I, p. 301-348 ; S. FREUD, « Le Trouble psychogène de la vision dans la conception psychanalytique » (1910), dans *Névrose, psychose et perversions,* trad. J. LAPLANCHE, Paris, PUF, 1973, p. 167-173. Alors que la psychanalyse cherche à comprendre le trouble visuel à partir du refoulement de pulsions sexuelles essentiellement, il s'agit davantage, dans le cas de Tobit, d'une mise hors de son champ de vision de toute la réalité extérieure qui lui inspire du dégoût. Un caractère encore plus angoissé que Tobit aurait été vraisemblablement victime d'une psychose et aurait développé, à la place de la cécité, la crainte paranoïaque d'être persécuté et observé par tout le monde.

10. Sur le *symbole de l'oiseau* dans les contes, voir E. DREWERMANN, *DV,* n. 13 ; *NR,* « Les étapes de la maturation de l'amour », n. 28.

11. S. KIERKEGAARD a déterminé le concept psychologique de cet état sous le nom de « désespoir » (*La Maladie à la mort,* dans *Œuvres complètes,* trad. P.H. TISSEAU et E.-M. JACQUET-TISSEAU, vol. XVI, Paris, Éd. de l'Orante, 1971) : il définit le désespoir comme une relation faussée à soi-même fondée sur une relation faussée à Dieu, et le considère comme un *péché* lorsque l'on est conscient devant Dieu de son désespoir (*ibid.,* p. 163-285). Sur la relation entre désespoir et péché, voir E. DREWERMANN, *PF,* « Péché et névrose », p. 129-130.

DÉSESPOIR DE LA JEUNESSE ET PIÉTÉ FIGÉE DE LA VIEILLESSE

1. Dans une interprétation *subjectale*, Sara, par son désespoir, est le portrait de l'âme désespérée de Tobit, dont la piété devenue littéralement sans « discernement » et sans vie éveille une aspiration à l'amour incommensurable, tout en étant parfaitement incapable d'aimer.

2. Dans la symbolique des rêves, la *simultanéité* renvoie toujours à une relation logique ; S. FREUD, *L'interprétation des rêves*, trad. I. MEYERSON, Paris, PUF, 1976 (4e éd.), p. 271. Dans une interprétation subjectale, la piété de Tobit est effectivement la cause logique du désespoir de Sara.

3. Dans Gn 38, 1-11, Tamar subit un sort semblable : à ses côtés, les fils de Juda, Er et Onân meurent l'un après l'autre ; Juda refuse un mariage avec son troisième fils Shéla, de crainte que ce dernier ne meure aussi à cause de Tamar. Mais à la différence de Sara, pieuse et désespérée, Tamar ose le tout pour le tout et séduit son beau-père Juda, déguisée en prostituée. Elle a de lui les jumeaux Péréç et Zérah. Que l'amour de Sara soit mortifère, tueur d'hommes, provient clairement du cercle vicieux d'une froideur imposée par la morale et, en réaction à cela, d'un besoin d'amour démesuré.

4. La *représentation de l'ogresse* provient de la phase sadique-orale dans le développement de la libido. « La sorcière à laquelle sont attribuées ces tendances est la mère phallique, ogresse, de la phase symbiotique » (P. PARIN, F. MORGENTHALER, G. PARIN-MATTEY, *Fürchte deinen Nächsten wie dich selbst. Psychoanalyse und Gesellschaft am Modell der Agni in Westafrika*, Francfort, 1978 [1re éd. 1971], p. 309). Voir aussi B. BUCHER, « Die Phantasien der Eroberer. Zur graphischen Repräsentation des Kannibalismus in de Brys *America* », dans K. H. KOHL (éd.), *Mythen der Neuen Welt. Zur Entdeckungsgeschichte Lateinamerikas*, Berlin, 1982, p. 75-81. L'auteur propose une interprétation structuraliste de la figure de la sorcière, représentée comme une vieille femme aux seins pendants et vides, ce qui correspondrait à une projection du désir oral.

5. Le « complexe d'Électre » désigne le pendant féminin du complexe d'Œdipe. Bien que, selon la tradition, Électre tue sa mère Clytemnestre avec l'aide de son frère Oreste afin de venger son père Agamemnon, le motif décisif de l'inceste n'est plus que suggéré à travers la relation au frère. Dans l'histoire de Sara, il est frappant de constater que le père joue un rôle tout à fait dominant, alors que la mère n'en joue aucun ; on pourrait alors penser à un « meurtre magique de la mère ». Asmodée, l'esprit malin, est la face négative

de l'imago du père. K. MOSER, *Psychologie der Partnerwahl,* Berne-Stuttgart, 1957, p. 69 s., n. 90. Sur la figure du diable dans les contes comme imago du père, voir E. DREWERMANN, « Der Teufel im Märchen », *Archiv für Religionspsychologie* 15 (1982), p. 106 s. ; *La jeune fille sans mains. Lecture psychanalytique d'un conte de Grimm,* Paris, Éd. du Cerf, 1993, n. 7 et 11 du chapitre « Ce qui tue les humains et ce qui les fait vivre ».

6. Du point de vue de l'expérience subjective, un homme comme Ragouël ne veut que le bien de sa fille. Mais son amour angoissé, qui enchaîne et contraint, a pour seul résultat que chaque pas de Sara vers l'autonomie et la maturation de l'amour s'accompagne de lourds sentiments de culpabilité : une dialectique de l'excès de sollicitude qui frôle le tragique.

7. Tout *acte suicidaire* se compose de trois éléments : « mourir, tuer et être tué » (K. MENNINGER, *Man against himself* [1938] ; trad. allde, *Selbstzerstörung. Psychoanalyse des Selbstmords,* Francfort, 1978, p. 38). Le souhait d'être tué est toujours « un renversement de l'idée de tuer » (p. 65). Sara ne cesse d'être placée devant le choix entre sacrifier sa relation d'amitié à l'amour paternel ou bien échanger son attachement au père contre sa relation d'amitié. Jusque-là, elle a toujours dû sacrifier son amour à l'esprit « Asmodée », c'est-à-dire aux ordres de la figure paternelle qu'elle a intériorisée. Pour devenir capable d'aimer, elle devrait « tuer » son père intérieurement ; mais elle recule devant ce geste : la peur et le sentiment de culpabilité lui font diriger contre elle-même son désir intérieur de tuer. Sur le problème du suicide, voir E. DREWERMANN, *MS,* « Le problème du suicide, ou d'une grâce ultime de la nature », p. 13-86.

LE PÉRILLEUX CHEMIN DE LA RÉDEMPTION

1. On ne peut comprendre la signification psychique des figures parallèles de Tobit et Sara qu'en les considérant *de manière subjectale* comme l'incarnation de certaines forces de l'âme présentes dans une seule et même personne. Voir le chapitre « Désespoir de la jeunesse et piété figée de la vieillesse », n. 1 ; 2.

2. C'est le cas par exemple dans les contes de Grimm, *L'Eau de la vie* et *L'Oiseau d'or.* Voir E. DREWERMANN-I. NEUHAUS, *DV,* n. 6 ; 7.

3. Le « fils » représente les forces du moi qui, du conscient, cherchent à pénétrer dans l'inconscient. Dans les contes, on a généralement affaire à *trois* fils, dont seul le troisième, en raison de sa modestie ou de son infériorité apparente, est capable de trouver

son chemin au milieu des dangers de l'inconscient pour aller délivrer la jeune fille-*anima*. E. DREWERMANN-I. NEUHAUS, *GV*, n. 17 ; 18 ; 19.

4. Dans la psychologie des profondeurs, on entend par « soi » « l'unité et la totalité de la personnalité dans son ensemble » ; voir C. G. JUNG, *Types psychologiques*, trad. Y. LE LAY, Genève, Librairie de l'Université Georg et Cie, 1958, 2e éd., p. 457. Dans les contes et les mythes, l'image classique des noces sacrées est le symbole de l'union du conscient et de l'inconscient.

5. Dans les contes, on trouve de manière analogue l'image du *roi* malade ou en situation de détresse ; voir E. DREWERMANN-I. NEUHAUS, *DV*, n. 6 ; 7 ; 8 ; 9.

6. C'est de cette façon que l'ancienne école de la mythologie naturelle interprétait les récits de libération d'une jeune fille enlevée par un dragon ou un monstre ; E. SIECKE, *Drachenkämpfe. Untersuchungen zur indogermanischen Sagenkunde*, Leipzig, 1907, p. 8-9. La légende de saint Georges sauvant la fille du roi près de la ville de Silène rappelle elle aussi l'ancienne mythologie lunaire. Voir E. DREWERMANN, *SB*, t. II, p. 79.

7. C'est le cas par exemple dans le mythe de Perséphone, qui fut enlevée et emmenée aux enfers par le dieu de la mort, Hadès, alors qu'elle cueillait des fleurs. Voir K. KERÉNYI, *Die Mythologie der Griechen*, 2 t., Munich, 1966, t. I, *Die Götter- und Menschheitsgeschichten*, p. 182-190. Sur la structure de semblables récits, voir E. DREWERMANN, *TE*, t. I, p. 198.

8. L'ambivalence de l'inconscient exige un point de repère pour la confiance qui soit au-delà des contradictions psychologiques. Alors que dans la *gnose*, le développement psychique, avec toutes les oppositions qu'il implique, subissait un traitement métaphysique, le propos du christianisme a été de souligner dans l'héritage de l'Ancien Testament la transcendance absolue de Dieu et de reprendre en même temps les images archétypales de la rédemption. Sur l'ambivalence de l'inconscient, voir par exemple l'analyse du mythe du déluge dans E. DREWERMANN, *SB*, t. II, p. 426-430.

9. Dans ce sens absolu, la figure de l'*ange* Raphaël est également une description théologiquement justifiée de la réalité divine.

10. C'est ainsi que l'on voit par exemple dans le conte de Grimm intitulé *L'Oiseau d'or* les deux premiers « fils » du « roi », en quête de l'« oiseau », symbole de l'« âme », mener des années durant une vie de débauche dans une auberge, oubliant tout autour d'eux ; voir E. DREWERMANN-I. NEUHAUS, *DV*, p. 39-42.

11. Si Tobias doit être compris symboliquement comme « force du moi » *(Ichkraft)* du conscient (du « père », Tobit), d'un point de vue psychologique il est étonnant que le « fils » soit si peu différent du « père » et réussisse pourtant dans sa *quête de la jeune fille perdue*. En

fait, « Tobit » est depuis le début très ouvert aux tendances progressistes de la libido, comme on le voit dès l'envoi en mission. Et en particulier au moment décisif de la rencontre entre « Tobias » et « Sara », l'ange Raphaël peut invoquer le fait que Tobias contribuerait lui-même au bonheur de son père en osant aller vers l'amour. Dans un certain sens, le moi paternel se divise à nouveau dans ce passage entre « Tobit » et « Ragouël », dont l'influence démoniaque sur Sara n'est que trop visible ; voir le chapitre « Désespoir de la jeunesse et piété figée de la vieillesse », n. 4 ; 5.

12. Le « trésor » difficile à acquérir, que l'on doit aller chercher dans une contrée lointaine, ou la richesse cachée, désignent toujours dans les contes et les mythes la valeur absolue de la prise de conscience, l'émergence du soi qui, dans le langage religieux du Nouveau Testament, est identique à l'expérience du règne de Dieu ; voir Mt 13, 44-45 ; Ap 21, 21. Sur les rapports entre le « soi » et « Dieu », voir C.G. JUNG, *Psychologie et religion* (1940), trad. M. BERNSON et G. CAHEN, Paris, Corréa, 1958, p. 164 ; E. DREWERMANN, *SB,* t. II, p. 26-38.

13. Dans les contes et les mythes, il existe toujours au-delà du palais royal ou du pays natal une « forêt » inquiétante, un « château » lointain, une *terra incognita* par-delà les « mers » ou le « désert », où demeure la « jeune fille » au milieu de richesses incommensurables. Du point de vue de la psychologie des profondeurs, ce fait exprime l'opposition entre conscient et inconscient. Voir E. DREWERMANN-I. NEUHAUS, *DV,* n. 36.

14. Il est possible de répondre dogmatiquement par l'affirmative à la question de *l'existence des anges* : la tentative la plus approfondie dans ce domaine est encore celle de J. BRINKTRINE, *Die Lehre von der Schöpfung,* Paderborn, 1956, p. 87-203. Mais tout autre est la question de la *manifestation* d'« anges » dans la *psyché* humaine. Psychologiquement, il faut tenir pour vrai que *toutes* les manifestations, peu importe qu'il s'agisse d'un dieu, d'un diable, d'une mère de dieu, d'une sorcière ou de qui que ce soit parvenant à se manifester, sont à comprendre comme des parties, ou plutôt des complexes autonomes de la *psyché* humaine. Une confusion entre le niveau de considération psychologique et le niveau métaphysique conduirait à une position gnostique et serait tout aussi « mythique » et non scientifique que l'identification de Dieu avec certaines forces naturelles extérieures. En d'autres termes, Dieu n'est pas dans le tonnerre et il ne se « manifeste » pas non plus ; mais il peut être théologiquement sensé d'affirmer qu'existent *derrière* les effets de la causalité naturelle certaines puissances spirituelles dont l'hypothèse permet d'interpréter de manière plus sensée le mécanisme de la nature à la fois intérieure et extérieure ; voir le chapitre « Portrait d'un homme

pieux avancé en âge », n. 4 ; E. DREWERMANN, « Der Teufel im Märchen », *Archiv für Religionspsychologie* 15 (1982), p. 123-128. Psychologiquement, l'« ange » peut être compris comme l'image d'un être, dont la manifestation même conduit à la liberté, ainsi que cela est décrit dans Ac 12, 1-19. Dans les contes, les phénomènes psychiques sont *interprétés*, conformément à leur nature, à l'aide des concepts chrétiens donnés par l'histoire des religions ; mais cette interprétation ne désigne pas déjà en soi l'acquisition d'une connaissance théologique.

15. G. POSENER, *Dictionnaire de la civilisation égyptienne*, Paris, 1986, p. 143 ; E. DREWERMANN, *NR*, « Les étapes de la maturation de l'amour », n. 1, p. 89.

16. C'est le cas par exemple dans Nb 22, 21-35, où l'ânesse de Balaam douée de parole – la raison instinctive donc – reconnaît l'ange menaçant du Seigneur bien avant Balaam, l'insensé, qui incarne l'orgueil et la peur du conscient face à l'arrivée d'une présence étrangère : le peuple de Dieu. Sur le renard doué de parole dans le conte de Grimm intitulé *L'Oiseau d'or*, voir E. DREWERMANN-I. NEUHAUS, *DV*, n. 23 ; 24 ; 25 ; 26.

17. Avant le triomphe d'Osiris, le dieu égyptien Anubis *(Inpw)* passait pour être le grand dieu des morts et le guide qui les accompagnait jusque dans le royaume des enfers, correspondant à l'inconscient, du point de vue de la psychologie des profondeurs. Voir V. IONS, *Egyptian Mythology*, Londres, 1968 ; trad. allde : *Ägyptische Mythologie*, trad. J. SCHLECHTA, Wiesbaden, 1968, p. 79-82.

18. La « mère » de Tobias n'est pas seulement l'incarnation des mouvements féminins, protecteurs, de l'âme, mais également celle des aspects régressifs de la libido, qui correspondent à la tendance « incestueuse » dans la psychanalyse de S. Freud. Voir C.G. JUNG, *Versuch einer Darstellung der psychoanalytischen Theorie* (1913), dans *Gesammelte Werke* IV, Olten-Fribourg, 1969, p. 202. Sur la corrélation entre « inceste », « régression » et « régénération », voir l'exemple du récit jahviste du péché originel dans E. DREWERMANN, *SB*, t. II, p. 124-139.

19. La *nécessité du détachement* va si loin que Jésus interdit même formellement de prendre congé de ses parents dans Lc 9, 61. De façon analogue, les « noces » avec la « jeune fille » sont sérieusement compromises dans *L'Oiseau d'or*, parce que le fils du roi enfreint l'interdiction formelle du « renard » en permettant tout de même à la jeune fille de prendre congé de ses parents. E. DREWERMANN-I. NEUHAUS, *DV*, p. 47 ; 62-63 ; n. 55. La peur que suscite la séparation d'avec la mère est très bien décrite, à partir de l'exemple de la jeune fille du conte de Grimm intitulé *La Gardeuse d'oies*, par V. KAST, *Wege aus Angst und Symbiose. Märchen psychologisch gedeutet*, Olten-

Fribourg, 1982, p. 39-63. Sur les problèmes moraux que pose le fait de se détacher des parents, voir E. DREWERMANN, *PM*, t. I, p. 75-92.

20. Sur les thèmes de la mythologie de la nature tels que devenir aveugle, plonger ou être englouti, voir E. DREWERMANN, *SB*, t. II, 132 ; 365 s. ; E. DREWERMANN-I. NEUHAUS, *Frau Holle. Grimms Märchen tiefenpsychologisch gedeutet*, t. III, Olten-Fribourg, 1982, p. 22 ; 23 ; 24. Classiquement, le pouvoir de vaincre la cécité appartient en propre au dieu du soleil, comme c'est le cas d'Haroéris dans la mythologie égyptienne. Voir A. STETTLER, « Der Instrumentenschrank von Kom Ombo », *Antike Welt* 13 (1982), n° 3, p. 50 s.

21. Voir par exemple l'histoire de Naamân le Syrien (2 R 5) qui doit apprendre au terme de tous ses vains efforts qu'il ne pourra devenir « pur » qu'en acceptant de faire la chose la plus « simple » : se baigner dans le Jourdain.

22. Sur le symbole du *poisson*, voir E. DREWERMANN, *NR*, n. 26. Voir C. G. JUNG, *Aïon. Études sur la phénoménologie du soi*, trad. E. Perrot et M.-M. Louzier-Sahler, Paris, Albin Michel, 1983, p. 166 s. La signification symbolique du poisson dans la peinture de Max Beckmann est éclairante ; voir S. LACKNER, *Max Beckmann*, Cologne, 1979, p. 100 ; 106, en particulier le tableau *Reise auf Fischen* (Voyage sur des poissons) de 1934 (Santa Barbara).

23. Par-delà les nombreuses significations puisées dans la mythologie naturelle ou les cultes de fertilité, le *serpent* est avant tout l'être qui sème la *peur* ; voir à propos de Gn 3, 1, E. DREWERMANN, *SB*, t. I, p. LXXIV-LXXVI ; LXXIX ; LXXXIII.

24. La *peur* que suscite toute phase nouvelle du développement exige une confiance qui donne *a priori* la force de surmonter chaque crise ; cela recouvre aussi bien la puissance de l'être intérieur que le fait d'être accompagné par quelqu'un qui fait confiance à la justesse de notre personne et permet l'établissement de cette confiance. Les « anges » et les « prêtres » sont ces médiateurs entre l'homme et Dieu, Dieu étant le point de référence absolu de toute la confiance humaine sur le chemin qui conduit l'homme jusqu'à lui-même.

25. Sur les représentations correspondantes de la renaissance au sens d'une naissance magique, produite par la relation sexuelle, ou d'un séjour dans le purgatoire des eaux, telles qu'on les trouve déjà au Paléolithique, voir M. RAPHAEL, dans S. CHESNEY et I. HIRSCHFELD (éd.), *Wiedergeburtsmagie in der Altsteinzeit. Zur Geschichte der Religion und religiöser Symbole*, Francfort, 1979, p. 22-54. Sur la mère dévoratrice et les rites d'initiation, voir E. NEUMANN, *Die Große Mutter. Eine Phänomenologie der weiblichen Gestaltungen des Bewußtseins*, Olten-Fribourg, 1974, p. 147-168 ; 274-277.

26. À propos de la *distinction entre courage et confiance* face à l'angoisse existentielle fondamentale, M. BOSS (*Lebensangst, Schuld-*

gefühle und psychotherapeutische Befreiung, Berne-Stuttgart, 1962, p. 40) a dit : « Il n'y a courage que là où l'angoisse est toujours puissante » ; ce n'est que « là où règnent l'amour, le sentiment de sécurité et la confiance que toute angoisse peut disparaître ».

27. Voir E. DREWERMANN, *BC.* Sur la représentation du combat avec le dragon, voir U. STEFFEN, *Drachenkampf. Der Mythos vom Bösen,* Stuttgart, 1984, p. 177-182.

28. Considérer une biographie individuelle (ou encore présentée dans un conte ou un mythe) à la lumière de la psychologie ou de la psychanalyse n'est en soi, du point de vue de la méthode, naturellement pas une phénoménologie, mais l'étiologie de causes ou de modes d'élaboration psychiques. Toutefois, la question fondamentale de l'existence humaine *(Dasein)* entre angoisse et confiance ouvre la perspective d'un sens, à partir duquel les formes d'affection ou de guérison psychiques doivent être interprétées comme les modes de manifestation d'une attitude fondamentale de la liberté humaine à l'égard de son origine. Dans cette mesure, le livre de Tobit a raison, en termes de théologie et d'analyse de l'existence *(Daseinsanalytik),* de faire dériver les processus psychiques de la position de l'homme par rapport à Dieu. De cette façon, la psychanalyse devient elle-même une phénoménologie théologique. Voir E. DREWERMANN, *SB,* t. III, p. 460-486.

29. Le *mélange œdipal d'attachement à la mère et de peur du père* dans le complexe de castration pourrait être considéré comme un syndrome homosexuel, dans lequel ce sont avant tout la crainte de la femme et un certain narcissisme qui jouent un grand rôle. Voir S. FREUD, *De quelques mécanismes névrotiques dans la jalousie, la paranoïa et l'homosexualité* (1922), trad. D. Guérineau, *Œuvres complètes,* Paris, PUF 1991, t. XVI, p. 950.

30. Dans la mythologie grecque, Éros n'est « qu'un nom, le plus exquis de tous les noms que ce dieu porta ». Il s'est appelé « Protogonos », puisqu'il était « premier-né » de tous les dieux ; il s'est appelé « Phanès », parce que fils du vent, né de l'œuf d'argent de la nuit primordiale, il fit voir le jour à tout ce qui était caché dans l'œuf : l'univers tout entier, le ciel en haut, le chaos en bas. « On racontait aussi qu'en bas, dans l'œuf, il y avait la terre, et que le ciel et la terre s'accouplèrent. C'était l'action du dieu, Éros, qui leur avait fait voir le jour et les avait contraints à s'unir. Ils conçurent Océan et Téthys » (Ch. KERÉNYI, *Die Mythologie der Griechen,* t. I, p. 20). À l'origine, Éros était donc la force primordiale de l'amour et de la fusion, dont proviennent tous les êtres, qui contraint tous les êtres à s'unir entre eux. Ce n'est qu'au Vᵉ siècle qu'Éros devient l'esprit persécuteur des amoureux, « car il les poursuivait avec un fouet ou en brandissant une sandale pour les rouer de coups ». À partir du IVᵉ siècle av. J.-C., Éros

reçoit son arme la plus célèbre, l'arc, et son apparence se modifie : il rajeunit et finit par devenir aux IIIᵉ et IIᵉ siècles av. J.-C. le Cupidon romain aux joues rebondies. « C'est seulement plus tard que l'on dut le faire paraître un peu plus vieux, pour des raisons de crédibilité, là où il apparaissait lui-même en tant qu'amant. Dans les autres occasions, il atteint son but auprès des femmes en faisant appel à leur instinct maternel » (J. BOARDMAN, « Der griechische Eros. Die Liebe in griechischer Kunst und Gesellschaft », dans J. BOARDMAN et E. LA ROCCA, *Eros in Griechenland,* trad. I. NADOLNY, Munich, 1976, p. 20 ; 24).

31. Voir par exemple le poème de BAUDELAIRE, « Les Métamorphoses du vampire », dans *Les Fleurs du mal,* Paris, Garnier, 1961, p. 172 s.

32. Sur la malédiction de Jahvé prononcée contre l'amour humain après la « chute », voir E. DREWERMANN, *SB,* t. I, p. 90 s. ; p. 389-396.

33. Voir E. DREWERMANN, *AR,* « Doctrine et morale conjugale à la lumière de la psychanalyse », p. 33-78.

34. Sur la dynamique et la résolution de « l'amour de transfert », voir n. 33.

35. Voir S. FREUD, *L'Avenir d'une illusion* (1927), trad. M. BONAPARTE, Paris, PUF, 1976 (4ᵉ éd.), p. 31-33.

36. Voir par exemple les contes de Grimm *La Belle au Bois Dormant, La Boule de cristal* ou *Les Deux Frères.* Voir E. DREWERMANN, *BC,* p. 63-69.

37. Sur le thème de la *jeune fille donnée en récompense* et sa signification dans l'histoire des religions, voir E. DREWERMANN, *SB,* t. II, p. 430-434.

38. En égyptien par exemple, le mot « encens » *(śnṯr)* signifie littéralement « ce qui rend dieu » (causatif). Voir A. ERMAN, *Ägyptische Grammatik mit Schrifttafeln, Literatur, Lesestücken und Wörterverzeichnis,* Berlin, 1894, p. 63 ; 67 s. Sur l'usage de l'encens pour conjurer les esprits en Mésopotamie, voir H. ZIMMERN, *Beiträge zur Kenntnis der babylonischen Religion. Die Beschwörungstafeln Šurpu. Ritualtafeln für den Wahrsager, Beschwörer und Sänger,* Leipzig, 1901, p. 127-129.

39. L'image de la *sœur fiancée* provient de la poésie amoureuse égyptienne. Voir les représentations picturales dans la tombe de Sennefer, intendant des jardins royaux sous Thoutmôsis III. *Sn-nfr* signifie « le beau-frère », son épouse se nomme *śntf-mrjtf* : « sa sœur bien-aimée ». Voir l'illustration dans V. IONS, *Egyptian Mythology,* p. 132. On trouve des tournures semblables dans le Cantique des cantiques (Ct 4, 12-16).

40. Dans les mythes, les contes et les légendes, les différents moments du récit sont toujours resserrés à la manière d'une *image en*

accéléré, dans la mesure où des millénaires dans la vie de l'humanité, des siècles dans la vie d'un peuple, des décennies dans la vie d'un individu sont condensés dans une seule image. Voir E. DREWERMANN, *TE,* t. I, p. 218-230.

LE RETOUR, OU LA FIN DE L'ALIÉNATION

1. Sur l'image des *noces sacrées,* voir E. DREWERMANN, *SB,* t. II, p. 332-354.

2. L'*enfant* (divin), fille ou garçon, qui naît des « noces sacrées », de la fusion entre conscient et inconscient, est une image du soi ; voir « L'enfant divin » dans C. G. JUNG (avec Ch. KERÉNYI), *Introduction à l'essence de la mythologie,* trad. H. Del Medico, Paris, Payot, 1953.

LA GUÉRISON DE L'HOMME PIEUX ET LE SALUT DE LA RELIGION

1. Voir E. DREWERMANN, *PF,* « Psychothérapie et pastorale », p. 131-148.

TABLE DES MATIÈRES

DIEU GUÉRISSEUR
UNE MÉDITATION PSYCHANALYTIQUE

Composé et achevé d'imprimer le 28 septembre 1993
dans les ateliers de Normandie Roto Impression s.a.
61250 Lonrai

N° d'édition : 9706
N° d'impression : I3-1276
Dépôt légal : octobre 1993